W0260714

Springer-Verlag Berlin Heidelberg GmbH

Ekkehard Schmider

Handbuch für Webtexter

So schreiben Sie fürs Internet

Mit 89 durchgehend farbigen Abbildungen

 Springer

Ekkehard Schmider
Birkenweg 6
82266 Inning am Ammersee

Bibliografische Information der Deutschen Bibliothek
Die Deutsche Bibliothek verzeichnet diese Publikation in der Deutschen
Nationalbibliografie; detaillierte bibliografische Daten sind im Internet
über <http://dnb.ddb.de> abrufbar.

ISBN 978-3-642-62899-3   ISBN 978-3-642-55635-7 (eBook)
DOI 10.1007/978-3-642-55635-7

http://www.springer.de

© Springer-Verlag Berlin Heidelberg 2003
Ursprünglich erschienen bei Springer-Verlag Berlin Heidelberg New York 2003

Umschlaggestaltung: KünkelLopka Werbeagentur, Heidelberg
Satz: Word-Daten vom Autor, Belichtung: perform, Heidelberg
Gedruckt auf säurefreiem Papier   33/3142SR – 5 4 3 2 1 0

Vorwort

Das Internet wurde lange unterschätzt. Das war in den Neunzigern. Dann wurde es überschätzt: Um die Jahrtausendwende herum rollten Manager und Geldgeber rote Teppiche für jeden noch so fragwürdigen Web-Spezialisten aus. Ungezählte neue Sites gingen online – viele ohne Sinn und Verstand. Dabei sein war alles.

Heute sehen wir das neue Medium nüchterner. Die ersten Enttäuschungen haben wir hinter uns gelassen. Die Möglichkeiten des World Wide Web sind uns klarer geworden. Wir wissen, was wir vom Web erwarten dürfen und was nicht.

Diese Erkenntnisse sind eine gesunde Grundlage für Unternehmen, Organisationen und Privatpersonen, die sich virtuell präsentieren. Sie können sich ausrechnen, wie viel Zeit, Geld und Leidenschaft sie ins Web stecken wollen. Unterm Strich sollte immer ein Gewinn herauskommen, ob in Form von Profit, Image oder Selbstverwirklichung.

Neu sind Interaktion und Transparenz

Das Wesen des World Wide Web ist Interaktion. Als Nutzer reagieren Sie unmittelbar. Bilder, Animationen und Schlüsselbegriffe regen Sie zum Klicken an. Sie beginnen einen Dialog. Sie holen Informationen ein. Sie lassen sich unterhalten. Sie laden sich Programme und Dateien auf Ihren Rechner herunter.

Aus Interaktion folgt Transparenz. Jede Ihrer Reaktionen auf eine Website wird aufgezeichnet. Der Betreiber gewinnt wertvolles Wissen über Sie, wenn er diese Aufzeichnungen auswertet. Er erfährt, wie lange Sie sich auf welcher Unterseite aufgehalten haben. Er erkennt, welche Angebote Sie wahrgenommen haben. Und er findet heraus, wo Sie ausgestiegen sind.

Mit der wachsenden Menge dieser Daten erstellt der Betreiber der Website ein immer schärferes Profil seiner Zielgruppen. Das Profil zeigt ihm, wo er sein Internet-Angebot verbessern kann. Das ist das Einzigartige an diesem spannenden Medium: Es macht Anbieter und Nutzer miteinander bekannt. Und das zum gegenseitigen Vorteil, solange die Daten nicht missbraucht werden.

Das Web ist ein flüchtiges Medium

Noch immer wählen sich viele Nutzer mit einem Modem ins Internet ein. Das kostet Zeit und Geld. Noch immer laufen Rechner und Programme instabil. Das zehrt an den Nerven. Und eine genormte Benutzerführung wird es im Web nie geben. Das setzt Geduld und guten Willen voraus.

Die Konsequenz daraus: Geschwindigkeit zählt. Webseiten sind flüchtig. Was immer Sie auf dem Bildschirm sehen, kann schon in der nächsten Sekunde nicht mehr auffindbar sein. Wer versehentlich falsch klickt, geht schnell verloren in der virtuellen Vielfalt.

Ihre Webseite muss so aufgebaut sein, dass Ihre Zielgruppen den Nutzen auf den ersten Blick erkennen. Kurze Ladezeiten sind ein Muss. Reduktion auf das Wesentliche. Botschaften statt Schnickschnack. Klarheit statt Spielerei. Was Betrachter nicht sofort erfassen, wird sie wahrscheinlich nie erreichen. Intuitive Bedienbarkeit, saubere Blickführung und klare Aussagen bestimmen den Erfolg Ihrer Site.

Ihr Text spielt eine entscheidende Rolle

Um klare Botschaften geht es in diesem Buch. Prägnante Sprache ist lernbar. Im Internet ist sie wesentlich. Verabschieden Sie sich von der Vorstellung, dass Web-Nutzer lange Texte durchlesen. Oder dass sie sich in komplizierte Sachverhalte hineindenken. Im Web gilt: Ihr Text stimuliert in kurzen Sätzen und Stichworten. Und er führt den User von Höhepunkt zu Höhepunkt. Ihr Text ist Navigation.

Ihr Leser springt von Schlüsselbegriff zu Schlüsselbegriff. Sie entscheiden, welche Wörter zu Signalwörtern werden. Überlassen Sie den Blickverlauf Ihrer Leser nicht dem Zufall. Bestimmen Sie, welche Botschaften Ihre Leser mitnehmen. Texten Sie so wirkungsvoll, dass Sie Ihr Kommunikationsziel erfüllen. Wie das geht, erfahren Sie jetzt.

Inhaltsverzeichnis

1 Web Usability

1.1
Auf die Perspektive kommt es an

Den Begriff „Web Usability" haben Sie schon oft gehört. Haben Sie sich schon einmal gefragt, was Usability im Internet wörtlich bedeutet? Ist die Erreichbarkeit einer Site gemeint? Oder ihre Funktionalität? Oder sprechen wir vom Bedienkomfort?

Am meisten Sinn macht der Ausdruck Web Usability, wenn Sie mit ihm den Wert einer Site für ihre Nutzer beschreiben. Web Usability heißt demnach Nutzwert. Der Nutzwert fasst alle Bedeutungen des Begriffs Usability zusammen: Ihre Site besitzt um so mehr Nutzwert, je mehr Nutzen sie Ihren Zielgruppen bietet. Diese Definition klingt trivial. Und sie setzt ein radikales Umdenken voraus.

Der überwiegenden Mehrheit aller Website-Betreiber ist diese Sichtweise fremd. Ungezählte Web-Präsenzen protzen mit aufwändigen Intros, mit ellenlangen Textseiten und mit undurchsichtigen Strukturen. Oft sind gute Ansätze erkennbar, die dann nicht konsequent durchgehalten werden. Immer wieder rückt die eigene Denkweise in den Vordergrund.

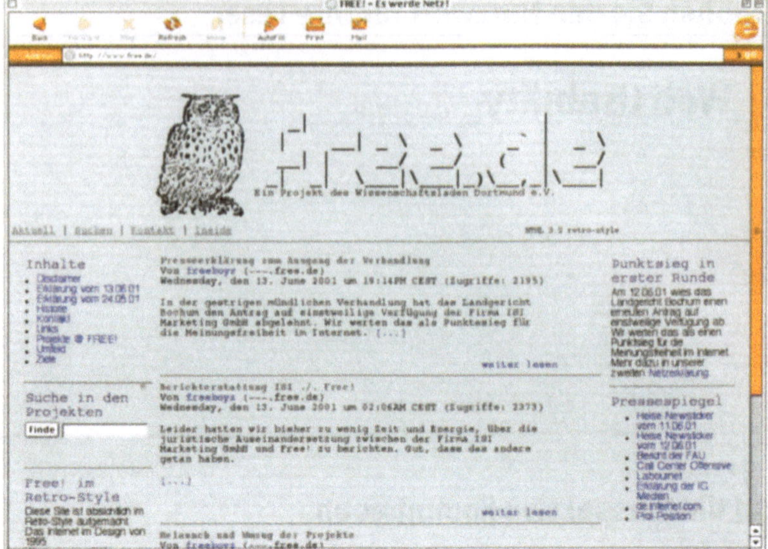

1.2
Nutzwert ist mehr als viele denken

Ich möchte Ihnen Norbert Nutzwert vorstellen. Norbert Nutzwert ist ein Mensch wie Sie und ich. Vielleicht gehört er zu Ihrer Internet-Zielgruppe. Die erste Voraussetzung dazu erfüllt er. Er hat einen Rechner mit Internet-Anschluss zu Hause. Und er sitzt täglich in seinem Münchner Büro an einem Arbeitsplatz mit Webzugang.

Es ist Freitag, kurz nach halb sechs. Dienstschluss. Norbert Nutzwert zieht seine Jacke an und klemmt sich vier Briefe unter den Arm. Auch den großen Umschlag an die Krauterbach AG, den er als Einschreiben verschicken will. Moment – kurz nach halb sechs? Ob die Post noch offen hat? Norbert steckt den Kopf durch die Tür ins Nachbarzimmer und fragt seine Kollegin Susanne Schnell: Keine Ahnung. Anrufen? Bloß wo? Und wenn es tatsächlich eine Hotline gibt, wo findet unser Freund die Nummer, und wie lange hängt er in der Warteschlaufe? Sein Rechner ist schon runtergefahren. Susanne lässt Norbert kurz an ihrem Laptop ins Internet. Mal sehn. Post. Norbert Nutzwert ruft die Adresse seiner Lieblings-Suchmaschine auf und gibt das Suchwort „Post" ein.

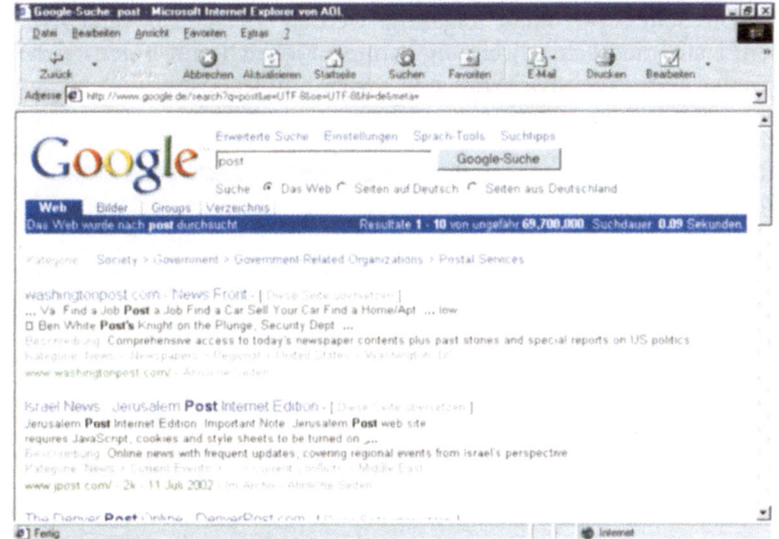

Abb.1.2
Zuviel des Guten:
Unter dem Stichwort
„Post" listet
<www.google.de>
knapp 70 Millionen
Seiten.

Das Angebot erschlägt Norbert. Er könnte seine Suche spezifizieren. Keine Zeit. Er will los. Die Adresse der Post muss mit gesundem Menschenverstand zu finden sein. Die Post ist schließlich nicht irgendwer. Norbert erinnert sich an das Beamtendeutsch des Schalterpersonals und versucht es ganz offiziell mit <www.deutsche bundespost.de>. Das Ergebnis ist ernüchternd.

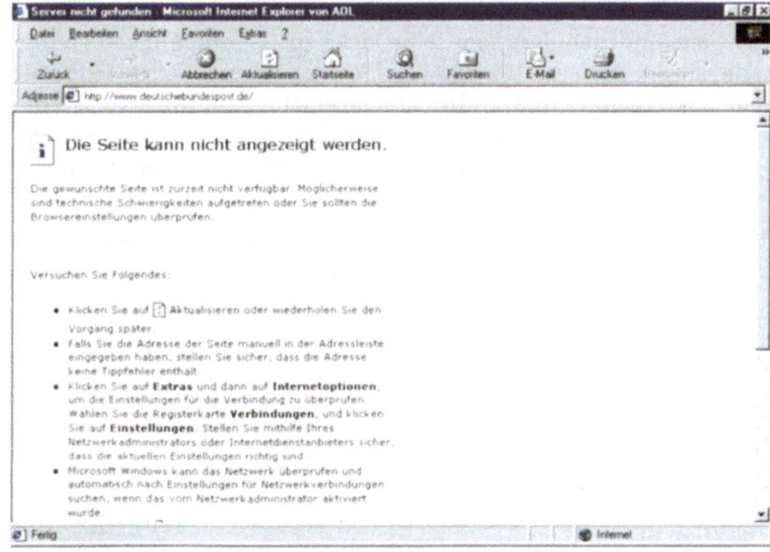

Abb. 1.3
Fehlanzeige:
Die Domain
<www.deutsche
bundespost.de> ist
herrenlos. Da helfen
auch die Tipps vom
Internet Explorer
nicht weiter.

„Die Seite kann nicht angezeigt werden". Vielleicht verschrieben? Nein, die Rechtschreibung stimmt. Vielleicht mit Bindestrich? Wieder kein Ergebnis. Dann nur <www.bundespost.de>? Jetzt tut sich was auf dem Bildschirm:

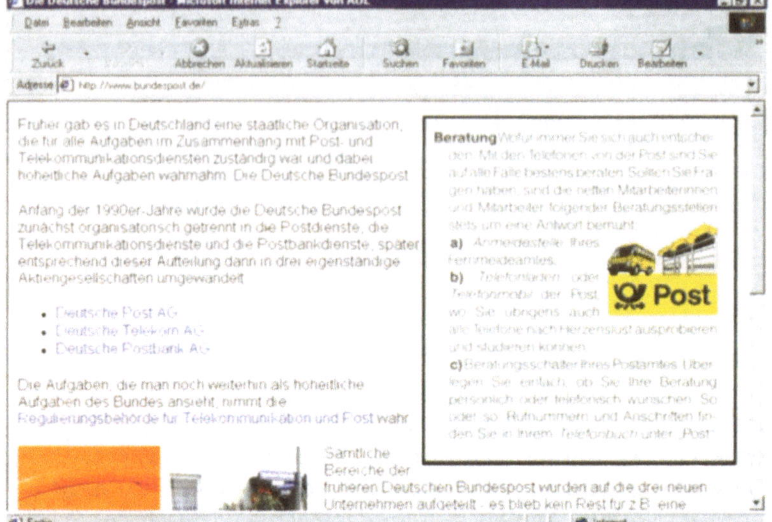

Abb. 1.4
Halbherzig: Ist <www.bundespost.de> eine offizielle Seite der Post? Gehört sie einem Bastler? Die Reklame wirkt ironisch.

Prima. Vor Norbert Nutzwerts Augen baut sich die Seite der Bundespost auf. Wird auch Zeit. Er schaut noch einmal kurz auf die Uhr. 17 Uhr 37. Dann sieht er wieder auf die inzwischen vollständige Seite und zieht langsam seine Jacke aus. Er erkennt sofort: Das kann länger dauern. Im Browser-Fenster ist eine Textwüste mit dem Charme einer Bundesdrucksache entstanden. Die ersten Worte lauten: „Früher gab es in Deutschland eine staatliche Organisation, ...". Norbert Nutzwert fühlt sich so weit von seiner Postfiliale entfernt wie noch nie vorher in seinem Leben. Er scrollt runter. Gar nicht so einfach mit dem Trackpad des tragbaren Computers.

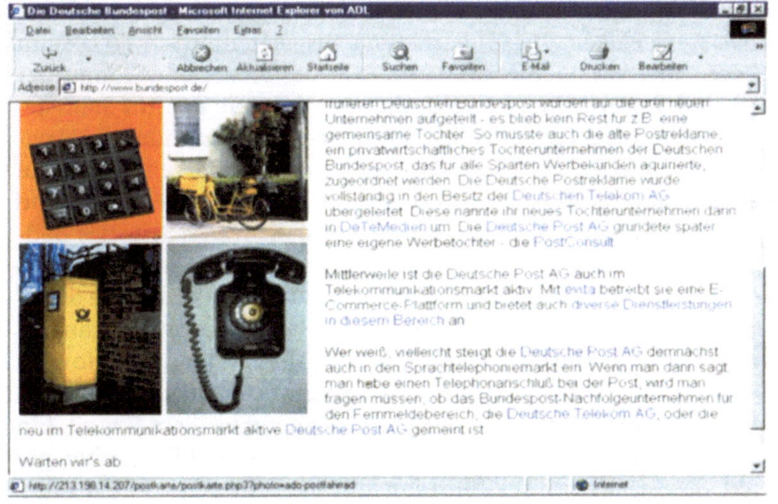

Abb. 1.5
Besinnlich: <www.bundespost.de> weiter unten auf der Seite. Vielleicht wollte ja schon immer mal ein Surfer über die Zukunft der Post philosophieren. „Warten wir's ab..."

Die Satzanfänge fallen ihm als erstes ins Auge: „Mittlerweile", „Wer weiß" und „Warten wir's ab". Letzteres steht ganz am Schluss des Textes. Die weisen Worte werden vielsagend von drei Pünktchen gefolgt. Kann das wirklich wahr sein? Es ist jetzt 17 Uhr 39 und die Post empfiehlt Norbert Nutzwert, abzuwarten? Mittlerweile kommen ihm Zweifel, ob er die offizielle Seite der Post erwischt hat. Doch, das Logo ist zu sehen. Er zwingt sich, den Text zu überfliegen. Ja, natürlich. Die Post heißt nicht mehr Bundespost. Norbert atmet tief durch und startet einen letzten Versuch: <www.deutschepost.de>. Das klappt.

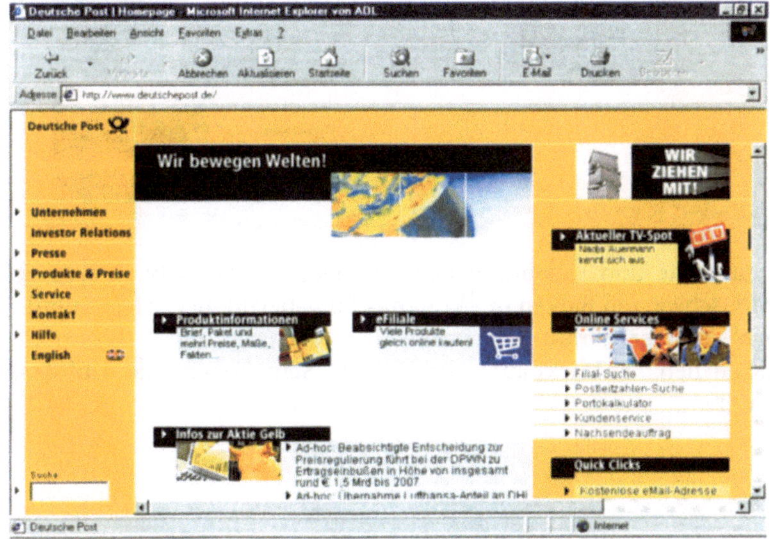

Abb 1.6
Überzeugend: Ein Volltreffer ist <www.deutschepost.de>. So präsentiert sich ein Dienstleister mit sehr unterschiedlichen Zielgruppen.

„Wir bewegen Welten!", liest unser eiliger Freund weiß auf schwarzem Balken. Dieses Farbklima aus Gelb und Schwarz kennt er vom Briefkasten um die Ecke, von der Anzeigenwerbung der Post und von den Lieferwagen, die morgens mit ihm im Stau stehen. Er überfliegt die Seite. Sein Blick tastet nacheinander die Navigationsleiste links und dann die Begriffe der schwarzen Balken auf weißem Untergrund ab: „Produktinformationen", „eFiliale" und „Infos zur Aktie Gelb". Dann schaut er auf die rechte Seite des Bildschirms und entdeckt die weniger stark kontrastierenden schwarzen Balken auf gelbem Grund: „Aktueller TV-Spot", „Online Services" und „Quick Clicks". Mit den letzten beiden Begriffen kann er ebensowenig anfangen wie mit der „eFiliale". Schön, dass Norbert gleich unter „Online Services" das Stichwort „Filial-Suche" entdeckt. Es kontrastiert mit schwarzer Schrift auf weißem Grund. Ein schwarzer Pfeil als Aufzählungspunkt hat seinen Blick sicher gelenkt. Sein nächster Klick führt ihn auf eine Unterseite mit Eingabefeldern.

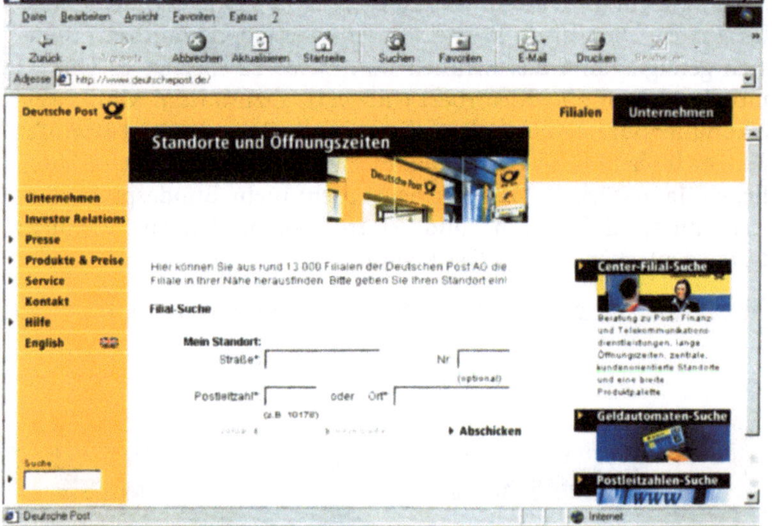

Abb 1.7
Praktisch:
Datenbankanbindung
zur bundesweiten
Filialsuche. Das inter-
aktive Feld ist grau
hervorgehoben.

„Standorte und Öffnungszeiten". Perfekt! Norberts Blick springt vom schwarzen Balken direkt in das Eingabefeld. Bei „Mein Standort:" gibt er „Fraunhoferstraße" ein und bei „Ort*" die Stadt „München". Er klickt auf „Abschicken". Sein zweiter Klick auf dieser Site.

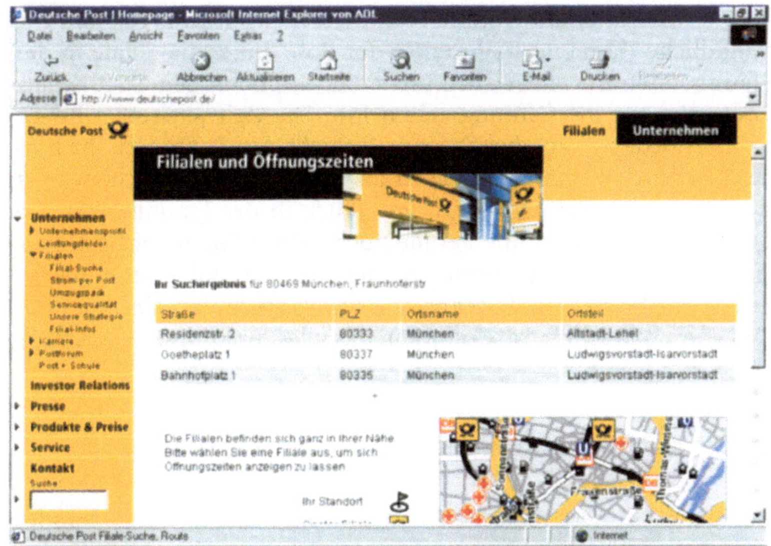

Abb 1.8
Ärgerlich: Schade, wenn die angebotene Funktion nicht funktioniert. Die Münchner Fraunhoferstraße taucht nicht auf der Liste auf.

Die Filiale Fraunhoferstraße erscheint nicht. Statt dessen werden drei andere Filialen aufgelistet – gleich mit Lageplan. Die Filiale am Goetheplatz kennt Norbert. Das ist ein gutes Stück zu Fuß. Besser als nichts. Er klickt auf „Goetheplatz 1".

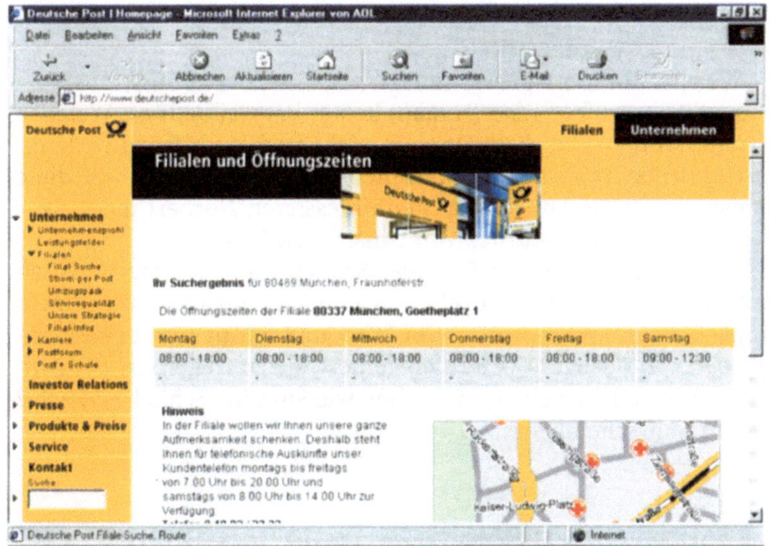

Abb 1.9
Unnötig: Der Textblock ist Makulatur. Weder die Überschrift noch der Fließtext sind sinnvoll. Zur Telefonnummer muss der User bei dieser Bildschirmauflösung erst nach unten scrollen.

Diese Filiale hat heute bis um sechs Uhr abends geöffnet. Es ist inzwischen 17 Uhr 42. Bis zum Goetheplatz schafft Norbert es nicht mehr. Unter dem Begriff „Hinweis" überfliegt er den Textblock und scrollt runter zur Hotline-Nummer. Er greift zum Telefon. Die freundliche Dame im Call Center der Post findet die Filiale in der Fraunhoferstraße leider auch nicht. Sie empfiehlt den Goetheplatz und weist auf die Öffnungszeiten hin. Die Zeit jetzt: 17 Uhr 47. Norbert bedankt sich bei Susanne, schiebt den Laptop zu ihr hinüber und zieht seine Jacke wieder an. Im Hinausgehen schnappt er sich die Briefe. Er wird es auf gut Glück in der Fraunhoferstraße probieren. Und er kommt gerade noch rechtzeitig in der Postfiliale an. Norbert Nutzwerts Recherche mit Internet und Telefon hat eine knappe Viertelstunde gekostet. Zurück bleibt ihm ein vages Gefühl von „Wie schön wäre es, wenn das alles funktionieren würde".

1.2.1
Nutzen beginnt beim Suchen

Aus der Sicht der Deutschen Post gilt die Domain <www.bundespost.de> nicht mehr. Interessiert das Norbert Nutzwert? Wahrscheinlich nicht. Jedenfalls dann nicht, wenn er in Eile ist und die Öffnungszeiten der Postfiliale in der Münchner Fraunhoferstraße sucht. Was mag den Programmierer der Post dazu bewegt haben, unter dieser Adresse einen umständlichen historischen Abriss ins Web zu stellen? Noch dazu begleitet von einem Werbetext für Telefone der Post? Warum wird die Adresse nicht ganz einfach auf <www.post.de> umgeleitet?

Warum konnte Norbert unter <www.deutschebundespost.de> keine Site aufrufen? Eine Domain kostet Bagatellbeträge. Welchen Grund hat die Post, diese Domain nicht auch zu belegen und einfach auf <www.post.de> umzuleiten? Vielleicht gibt es auf diese Fragen sinnvolle Antworten. Sie interessieren Norbert nicht. Was ihm bleibt, ist der Eindruck von Umstandskrämerei.

Sicher, seine Kollegin Susanne Schnell hätte weniger Zeit gebraucht. Sie hätte von vornherein einfach „www.post.de" eingetippt. Sie recherchiert öfters im Web und kennt sich besser aus. Norbert weiß das und hatte sich geniert, sie zu fragen. Ist der Auftritt der Post etwa nur für Menschen wie Susanne Schnell gemacht? Wenig wahrscheinlich.

1.2.2
Die Kernaussage sollte die Frage „wozu?" beantworten

Betrachten wir Norberts Verhalten auf der Site <www.deutschepost.de> noch einmal in Zeitlupe. Lassen Sie uns genau darauf achten, welche Elemente der Site Norbert wohin geführt haben.

„Wir bewegen Welten" war das Erste, was Norbert Nutzwert
auf der Homepage der Post auffiel. Kein Wunder. Der Satz steht
weiß auf Schwarz in einem Ruheraum im oberen Drittel der Site.
Die starken Farbkontraste zwischen Gelb, Schwarz, Weiß und der
in Blau gehaltenen Abbildung lenkten seinen Blick direkt auf diese
zentrale Aussage. Erinnern Sie sich: Er war auf der Suche nach den
Öffnungszeiten einer Filiale. Welchen Nutzen bringt ihm diese
Aussage? Keinen. Statt dessen demonstriert sie Selbstbewusstsein.
Vielleicht richtet sie sich an Anleger. Eine Wir-Botschaft. „Schön
für euch", könnte Norbert denken, „und jetzt zu den Öffnungszeiten".

1.2.3
Unternehmensfarben und klare Kontraste schaffen Ordnung

Das Farbklima aus Schwarz und Gelb half Norbert, sich schnell zu
orientieren. Erstens erkannte er diese Farben als Unternehmensfarben der Post wieder. Er wusste auf den ersten Blick: Das ist die
richtige Site. Zweitens dienten die Kontraste dazu, ihn gezielt zu
den Angeboten der Site zu führen.

1.2.4
Die Navigationsleiste erlaubt strategischen Zugriff

Auf die Navigationsleiste links hat Norbert aus Gewohnheit ge-
schaut. Dort erwartete ihn eine übersichtliche Liste des Site-
Angebots mit direktem Zugriff. Er erkannte sofort, dass sein Anliegen in der Hierarchie weit unter den Begriffen „Unternehmen",
„Investor Relations", „Presse", „Produkte & Preise", „Service",
„Kontakt" und „Hilfe" liegt. Er hätte häufig klicken müssen und
suchte nach einem direkteren Weg.

1.2.5
Blickfänge mit Schlüsselbegriffen führen intuitiv zum Ziel

Also richtete Norbert sein Augenmerk auf die schwarz auf weißem
Grund hervorgehobenen Begriffe im Zentrum der Site: „Produktinformationen", „eFiliale", „Infos zur Aktie Gelb". Produktinformationen brauchte er nicht. Was eine „eFiliale" ist, weiß er bis
heute nicht. Und über die Aktien der Post wollte er sich nicht informieren.

1.2.6
Verständliche Begriffe wirken schneller

Erst danach fiel Norbert Nutzwerts Blick auf die schwarz auf gelbem Grund hervorgehobenen Stichworte der rechten Seite. Den „Aktuellen TV-Spot" hatte er schon im Fernsehen genügend genossen. Unter „Online Services" konnte er sich zunächst zwar auch nichts vorstellen, doch die schwarzen Aufzählungspunkte in Form von Pfeilen ließen seinen Blick die Unterpunkte scannen. Dort fand er „Filial-Suche". Das ganze dauerte vielleicht drei Sekunden. Eine gute Leistung für eine Site, die eine derart große und verschiedenartige Zielgruppe bedient.

1.2.7
Kurze Wege, klare Handlungsaufforderungen

Norberts erster Mausklick auf dieser Site führte ihn direkt zur Unterseite „Standorte und Öffnungszeiten". Die Eingabefelder sind farblich deutlich hervorgehoben. Irritierend sind die Sternchen hinter den Begriffen „Straße", „Postleitzahl" und „Ort". Sie werden nicht erklärt. Norbert trug die Straße der gewünschten Postfiliale trotzdem ein und klickte auf „Abschicken".

1.2.8
Gebrochene Versprechen erschüttern das Vertrauen

Aus unerfindlichen Gründen wurde die gewünschte Filiale der Post nicht aufgelistet. An dieser Stelle war Norbert noch frustrierter als wenn die elektronische Filialsuche gar nicht erst angeboten worden wäre. Schade. Welche Alternative hielt das Angebot der Site bereit?

1.2.9
Handlungsalternativen puffern technische Fehler

Nach weiteren Klicks fand Norbert unter der Überschrift „Hinweis" einen Fließtext. Er lautete:

In der Filiale wollen wir Ihnen unsere ganze Aufmerksamkeit schenken. Deshalb steht Ihnen für telefonische Auskünfte unser Kundentelefon montags bis freitags von 7.00 Uhr bis 20.00 Uhr und samstags von 8.00 Uhr bis 14.00 Uhr zur Verfügung:
Telefon 0 18 02 / 33 33
Jeder Anruf im Festnetz kostet nur 6 Cent.

Der Text ist so lang, dass die fett hervorgehobene Telefonnummer nicht mehr im Browser-Fenster von Susannes Laptop zu sehen war. Die Überschrift „Hinweis" gibt nicht den geringsten Hinweis darauf, auf was im Text hingewiesen wird. Sie ist überflüssig. Die Telefonnummer selbst wäre sicher eine spannendere Überschrift. Der Fließtext ist wenig prägnant, der erste Satz unnötig: eine Wir-Botschaft mit Absichtserklärung ohne Nutzen für den Leser. Eine Tabelle hätte die Hotline-Zeiten platzsparend vermittelt.

1.3
Im Vordergrund steht der User

In unserem Beispiel hat Norbert Nutzwert die Website der Post besucht. Norbert gehört zur Zielgruppe der Post. Seine Erfahrungen mit dieser Website sind nicht nur für die Post wertvoll. Auch Sie ziehen wichtige Erkenntnisse daraus. Fragen Sie Freunde, Bekannte und Kollegen nach ihren Erfahrungen mit dem Internet. Lassen Sie sich die Lieblings-Webadresse nennen. Fragen Sie nach abschreckenden Beispielen. Erkundigen Sie sich im Detail, wie diese Eindrücke zustande kommen.

Surfen Sie auch selbst immer sehr aufmerksam im Web. Beachten Sie, wie Sie sich auf fremden Sites bewegen. Vor allem dann, wenn Sie zum Kreis der Angesprochenen gehören. Nehmen Sie Ihre Gefühle jeder Site gegenüber ernst, ob Sie nun begeistert sind oder frustriert, ob Sie vor Spannung an den Nägeln kauen oder ob Sie entnervt weiterklicken.

Und leisten Sie den Quantensprung: Bewegen Sie sich auf Ihrer eigenen Website konsequent mit den Augen eines Users. Befreien Sie sich von allen Vorgaben. Vor allem von solchen, die scheinbar unumgänglich sind. Seien es technische Hürden, strukturelle Einschränkungen oder ein Chef, der alles anders will. Das ist vielleicht die größte Herausforderung auf dem Weg zum Nutzwert.

Die Sicht externer Beobachter hilft Ihnen weiter. Fragen Sie außer Kollegen auch Kunden, Bekannte und Freunde nach Ihrer Website. Sprechen Sie mit möglichst vielen Menschen. Nehmen Sie Teil an deren Erfahrungen. Versuchen Sie, die Eindrücke von Usern nachzuvollziehen, die möglichst wenig oder nichts über die Hintergründe Ihrer Site wissen.

Im Vordergrund steht immer der User. Mit seiner Zufriedenheit steigt und fällt der Wert Ihrer Site. Der Lohn für Ihren Einsatz sind hohe Besucherzahlen und lange Verweildauern. Wem Selbstdarstellung wichtiger ist als Anwendernutzen, der verfehlt das Thema.

1.4
Das Web ist kein Selbstzweck

Private Homepages verfolgen in vielen Fällen kein bestimmtes Ziel. Die Motivation ihrer Betreiber ist oft Spaß an neuen Technologien, Kommunikation mit Freunden und Bekannten und der Wunsch nach Selbstdarstellung. Vielleicht schwingt bei dem einen oder anderen auch die Hoffnung mit, neue Menschen kennen zu lernen. Ein typisches Beispiel für eine private Homepage ist die Seite <www.rrr. de>.

Abb. 1.10
Sehnsucht: Private Homepages leben oft von der Hoffnung, neue Menschen kennenzulernen. Und was haben Sie an Pfingsten vor?

Wie sieht es bei kommerziellen Websites aus? Sie werden nach kaufmännischen Gesichtspunkten betrieben. Und doch wird häufig nur das Minimalziel erreicht: Hurra, auch wir sind jetzt im Web. Woran liegt das?

1.5
Definieren Sie Ihre Kommunikationsziele

Viele kommerzielle Seitenbetreiber stellen sich nicht die Gretchenfrage: „Wozu sind wir im Web?" Nur wer auf diese Frage eine befriedigende Antwort findet, kann eine gute Site erstellen. Heute kann jeder eine Website betreiben. Es ist billig geworden. Und einfach. So mancher scheint deshalb zu glauben, es komme nicht so genau darauf an. Da wird mal schnell eine Site mit heißer Nadel gestrickt und auf den Server gestellt. Hauptsache, es steht auch eine Webadresse auf der Visitenkarte. Die Seiten werden geparkt und vergessen. Sie sehen das zum Beispiel auf der Seite <www.rlk.de>: Der Klimatechniker hat seinen Webauftritt Jahre lang unverändert im Netz.

Abb. 1.11
Vergessen:
Manche Seiten liegen oft jahrelang unverändert auf dem Webserver. Der Autor von <www.rlk.de> steht dazu: „Letzte Aktualisierung am 6.4.2000".

Doch wie jede fehlgeschlagene Kommunikation kann auch eine schlechte Website Schaden anrichten. Kunden und Interessenten fühlen sich verprellt. Ein dringend gesuchter Facharbeiter schickt seine Bewerbung doch lieber an die Konkurrenz. Ein potenzieller Geschäftspartner springt kurzfristig ab – er hat am Wochenende zuvor gesurft. Es lohnt sich also unbedingt, die Sinnfrage zu stellen.

1.5.1
Was ist ein klares Ziel?

„Bekanntheitsgrad erhöhen, Umsatz steigern". So oder ähnlich werden acht von zehn Internet-Verantwortlichen auf die Frage nach dem Ziel ihrer Website antworten. Beides gilt mehr oder weniger für jede kommerzielle Website. Gute Webseiten betreiben diejenigen, die sich präziser fassen. Zu einem Ziel gehören messbare Größen und ein definierter Zeitrahmen. Außerdem muss ein Verantwortlicher zu jedem Ziel benannt werden, ein Budget und die Ressourcen. Zu den Ressourcen zählen Kollegen und externe Dienstleister ebenso wie Hardware und Software.

Ein klar definiertes Ziel für die Firma Krauterbach könnte also lauten:

Mit unserem Internet-Angebot wollen wir die Anzahl der Anrufe bei unserer telefonischen Hotline in den nächsten 6 Monaten um 15 Prozent reduzieren. Die verantwortliche Abteilungsleiterin Hilde Meier erhält dazu ein Budget von 6.000 Euro, einen zusätzlichen Mitarbeiter für ihr Team und einen dedizierten Webserver mit Datenbank.

Sicher verfolgt die Firma Krauterbach noch weitere Ziele mit ihrem Webauftritt. Jedes einzelne Ziel lässt sich in dieser Form eindeutig definieren.

1.5.2
Schreiben Sie Ihre Ziele auf

Unterliegen Sie nicht der Versuchung, einmal definierte Ziele als bekannt vorauszusetzen. Das Wesentliche liegt meistens im Detail verborgen. Auf die Details kommt es an. Anforderungen ändern sich mit der Zeit. Definieren Sie Änderungen mit der gleichen Präzision wie die ursprünglichen Ziele und halten Sie alles schriftlich fest – mit einer abschließenden Notiz an Ihre Teamkollegen und Vorgesetzten. Nur auf diese Weise können Sie zielgerichtet vorgehen. Sie treffen zu jedem Zeitpunkt sinnvolle, nachvollziehbare Entscheidungen.

1.5.3
Messen Sie Ihren Erfolg

Bei der Definition Ihrer Ziele legen Sie messbare Größen fest. Beim Beispiel der Krauterbach AG sind das 15 Prozent weniger Anrufe im Call-Center. Jetzt braucht Hilde Meier nur noch eine Statistik über die aktuelle Auslastung. Nach sechs Monaten wird sie eine weitere Statistik einholen. Sie wird sehen, wie erfolgreich ihre Arbeit im Internet ist. Um sicher zu gehen, dass sie den richtigen Weg eingeschlagen hat, kann sie sich schon nach dem ersten Vierteljahr ein Zwischenergebnis zeigen lassen.

Messen Sie, wie erfolgreich Ihre Arbeit ist. Nur auf diese Weise können Sie sich kontinuierlich verbessern. Nicht immer ist es so leicht, sich die Ergebnisse zu beschaffen. Das Ziel „ungestützte Bekanntheit der Marke um 10 Prozent erhöhen" verlangt erheblich mehr Aufwand bei der Erfolgskontrolle. Da Sie sich bei der Definition Ihrer Ziele mit allen Beteiligten auf messbare Größen verständigt haben, ist die Kontrolle grundsätzlich immer möglich. Einigen Sie sich schon bei der Zieldefinition auf den Modus der Erfolgskontrolle.

1.5.4
Verbessern Sie Ihre Site kontinuierlich

Es gibt nichts Schöneres, als zu lernen, zu wachsen und sich zu verbessern. Gerade im Internet wartet so viel Neuland auf Sie. Das Medium ist noch jung. Die Pfade sind nicht ausgetreten. Täglich kommen neue technische und gestalterische Möglichkeiten auf. Nutzen Sie diese Chancen so intensiv wie möglich. Vergleichen Sie Ihre Ziele mit dem, was Sie bereits geschafft haben. Überprüfen Sie Ihre Strategien. Messen Sie, mit welchen Methoden Sie was erreichen. Verlassen Sie Irrwege und bauen Sie Ihre Erfolgsstraßen im Web aus. Was Sie grundsätzlich dabei beachten sollten, erfahren Sie in den folgenden Kapiteln.

1.6
Wann ist eine Site surfbar?

Wie beurteilen Sie, ob eine Site surfbar ist? Ist beispielsweise eine Baustellen-Site surfbar? Immerhin – im Idealfall ist sie online und der User erfährt, dass die Domain schon vergeben ist. Für diese Botschaft allein ist sicher jeder Cent verschenkt. Sie erinnern sich

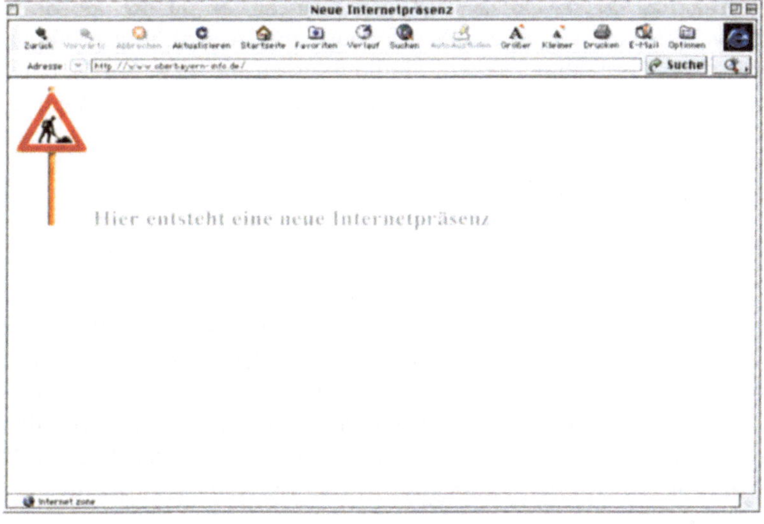

Abb 1.12
Prellbock: Haben Sie je ein zweites Mal eine Baustellen-Site aufgerufen? Selbst wenn unter <www.oberbayern-info.de> die schönste Webpräsenz entstanden sein sollte – wer einmal verprellt ist wird das wohl nie erfahren.

an unsere neue Denkweise: Wir sprechen nicht von unserem Geld. Wir sprechen vom Geld des Users. Von seiner Zeit und von seinen Online-Gebühren. Er will mehr. Er will eine klare Botschaft mit einem konkreten Nutzen. Der Nutzen soll prägnant dargestellt sein und in wenigen Sekunden erfasst werden können. Dann ist die Site aus seiner Sicht surfbar. Jede andere Definition ist hinfällig.

1.6.1
Namen öffnen Türen – die Wahl der Domain

Sorgen Sie schon bei der Wahl Ihrer Domain-Namen dafür, dass das Interesse Ihrer Zielgruppen im Vordergrund steht. Belegen Sie möglichst alle Namen, die Ihre Zielgruppen auf der Suche nach Ihrer Site intuitiv eintippen könnten. Reservieren Sie auch solche Domain-Namen, die durch einen gängigen Tippfehler – etwa einen Buchstabendreher – statt Ihrer Adresse aufgerufen werden könnten. Für nur wenige Cent zusätzlich holen Sie auch die besonders eiligen User auf Ihre Site, die statt <www.krauterbach.de> versehentlich <www.kauterbrach.de> oder <www.kraterbach.de> eingeben. Messen Sie später anhand der Zugriffsstatistiken, dass sich diese Investition gelohnt hat.

1.6.2
Bringen Sie Ihre Kommunikation auf den Punkt

Ersparen Sie Ihren Usern lange Willkommensbotschaften. Vermeiden Sie historische Abrisse. Leiten Sie nicht langwierig auf ein Thema hin. Sagen Sie das Wichtigste immer zuerst. Untergeordnete Aspekte sind in einer Tabelle oder mit Aufzählungspunkten prägnant darstellbar. Nebengedanken lassen Sie weg. Für Nebensächliches ist die Aufmerksamkeitsspanne des Users im Web zu kurz.

Ein Beispiel: Statt

*„Willkommen auf der Webpräsenz der Krauterbach AG. Wir bei Krauterbach wollen, dass Sie den größten Nutzen aus diesen Seiten ziehen. Deshalb bieten wir neben unserer telefonischen Hotline jetzt auch im Internet wertvollen Support zu unseren Produkten an. Auf den folgenden Seiten finden Sie alles zu den Themen **Installation, Inbetriebnahme, Wartung** und **Trouble-Shooting.** Klicken Sie einfach auf den entsprechenden Hyperlink und schon erhalten Sie ausführliche Antworten auf Ihre Fragen."*

schreiben Sie besser: .

Alles, was Sie über Ihr Krauterbach-Produkt wissen wollen:
- *Installation*
- *Inbetriebnahme*
- *Wartung*
- *Trouble-Shooting*

1.6.3
Optimieren Sie Navigation und Systemeinstellungen

Richten Sie die Systemeinstellungen Ihrer Website auf die Systeme aus, die Sie bei Ihren Zielgruppen voraussetzen. Wichtig sind Betriebssysteme, Browser-Typen, Browser-Einstellungen und die Bildschirmauflösung. Testen Sie Ihre Site möglichst auf jeder wichtigen Plattform. Informationen darüber, wie Ihre Zielgruppen ausgestattet sind, holen Sie sich von den Usern selbst. Zum Beispiel über Gewinnspiele, Befragungen und Feedback-Formulare. Eine weitere ergiebige Informationsquelle sind Ihre Webstatistiken. Davon später mehr.

Halten Sie Ihre Navigation so kompakt wie möglich. Ein kleiner Test: Werfen Sie eine Handvoll Murmeln auf den Boden. Wie viele davon können Sie gleichzeitig im Auge behalten? Fünf? Sechs? Vielleicht sogar sieben? Mehr Navigationspunkte verwirren Ihre User. Versuchen Sie, das Informationsbedürfnis Ihrer User abzubilden statt Ihre Unternehmensstruktur oder Ihr Produktangebot. Gestalten Sie die Ebenen Ihrer Site-Struktur so flach wie es irgend geht. Ein Tipp unter uns: Es geht noch flacher.

1.6.4
Reduzieren Sie Ihre Dateigrößen auf das Minimum

Halten Sie sich eisern an die Regel: Weniger ist mehr. Auch wenn immer mehr User mit immer größeren Bandbreiten ins Web gehen, gilt das Gebot der Schlichtheit. Schnelle Ladezeiten machen Ihre Website sympathisch. Falls sich ein User per Modem aus einem Hotelzimmer einwählt, kann die Ladezeit erfolgskritisch werden. Wer seinen Usern dennoch lange Ladezeiten zumutet, sollte dafür besonders großen Nutzen bieten.

Vergessen Sie also aufwändige Flash-Intros, wenn Sie damit nicht gerade Ihre Design- oder Technologie-Kompetenz unter Beweis stellen müssen. Bilder und Grafiken brauchen im Internet nur 72 dpi Auflösung, wenn sie nicht im Pressebereich als Druckvorlagen dienen sollen. Dort sind 300 dpi ideal. Benutzen Sie in jedem

Fall komprimierte Formate, wie jpeg oder gif. Geben Sie die Dateigrößen von Downloads an. So kann der User selbst entscheiden, ob er die Ladezeit für das Dokument investieren möchte.

1.7
Kommunizieren Sie einen klaren Nutzen

Um Ihre Nutzenbotschaften so klar wie möglich auf den Punkt zu bringen, müssen Sie sich über die zentrale Aussage Ihrer Website klar werden. Was wollen Sie vermitteln? Die Krauterbach AG möchte das Gesprächsaufkommen im Call-Center senken. Dadurch spart sie Geld. Die entscheidende Frage für Hilde Meier lautet: Was hat der User davon? Zum Beispiel Service rund um die Uhr, keine unproduktiven Zeiten in Warteschlaufen mehr, geringere Telefonkosten, umfassendes Hintergrundmaterial zum Download und Hinweise auf andere Themen, die für ihn ebenso spannend sind.

Übertragen Sie diesen Gedanken auf Ihre Kommunikationsziele im Web. Priorisieren Sie die Vorteile für den User aus dessen Sicht. Und entwickeln Sie daraus eine zentrale Botschaft. Schreiben Sie statt „Ab jetzt bieten wir unseren *Support-Service* auch im Internet an" lieber „*Support* rund um die Uhr: Sparen Sie Zeit und Geld!" Verlinken Sie untergeordnete Seiten mit weiteren Nutzenbotschaften. Schreiben Sie statt „*Downloads*" lieber „*Ihr Benutzerhandbuch als PDF*" und statt „*Unternehmensgeschichte*" lieber „*175 Jahre Qualität aus Gründlingen*".

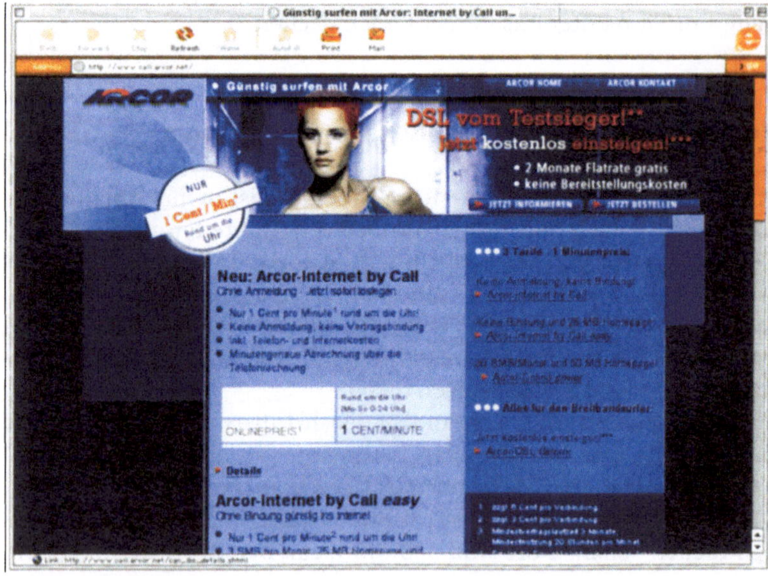

Abb. 1.13
Sympathisch:
Klare Aussagen und
das Wichtigste auf
einen Blick.
<www.call.arcor.net>
setzt auf eindeutige
Nutzenbotschaften,
schlüssige CI und
ansprechende Bildaussagen. So macht
surfen Spaß.

1.7.1
Die Drei-Sekunden-Regel

Niemand kann Norbert Nutzwert dazu zwingen, Ihre Werbebotschaften zu lesen. Wenn überhaupt, liest er sie freiwillig. Auch im Internet. Nur dass er sich im Web noch weniger Zeit dazu nimmt als in seinem übrigen Leben. Prägnanz ist das erste Gebot dieses Mediums. Norbert Nutzwert will Ihre Botschaft in drei Sekunden verstehen. Streichen Sie alles von der ersten und zweiten Strukturebene, was Sie nicht innerhalb dieser Zeit vermitteln können. Profis halten sich auf allen Ebenen ihrer Webpräsenz an diese Regel. Ihre HTML-Seiten sind nicht für komplexe Themen gemacht. Was mehr als drei Sekunden Lesezeit braucht, gehört in ein Print-Medium. Oder in eine PDF-Datei zum Downloaden und Ausdrucken.

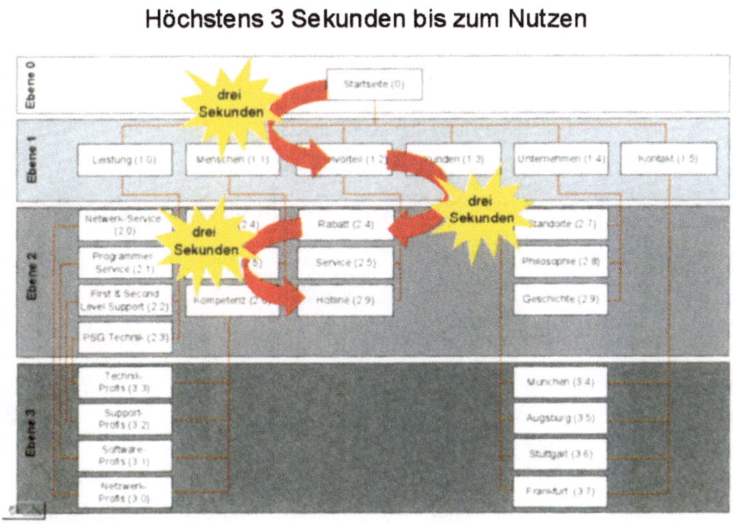

Abb. 1.14 Strukturplan einer Website: Ebene 1 ist auf den ersten Klick erreichbar, Ebene 2 auf den zweiten, Ebene 3 auf den dritten. Viel tiefer sollte eine Website nicht strukturiert sein.

1.7.2
Wählen Sie deutliche Worte

Keiner Ihrer User befasst sich so intensiv mit den Inhalten Ihrer Website wie Sie selbst. Es nützt Ihnen nichts, wenn Ihnen die Vorteile für den Anwender klar sind. Schreiben Sie sie auf – in knackigen Stichworten und so deutlich wie möglich. Keine Angst: Sie können gar nicht zu deutlich werden. Streichen Sie alle Inhalte, die Sie lieber nur andeuten wollen. Tiefgründiges, Widersprüchliches, Unterschwelliges und sprachliche Finessen haben im Web nichts zu suchen. Oder, um es mit dem Sprachphilosophen Ludwig Wittgenstein zu sagen: „Was gesagt werden kann, kann klar gesagt werden. Was aber nicht gesagt werden kann, darüber soll man schweigen."[1]

1.7.3
Lenken Sie die Aufmerksamkeit

Überlassen Sie den Blickverlauf Ihrer User nicht dem Zufall. Lenken Sie die Aufmerksamkeit mit Farben, Formen und Kontrasten auf die wichtigsten Aussagen. Bilder können Gefühle wecken und eignen sich deshalb besonders gut zur Blicksteuerung. Doch Vorsicht vor der Blickführung mit reinen Schmuckbildern. Das sind Bilder, die die Aussage des Textes nicht unterstützen oder ergänzen. Sie verursachen unnötige Ladezeiten. Der User toleriert sie nur bis zu einem gewissen Grad. Grafische Elemente sind solchen Bildern immer vorzuziehen.

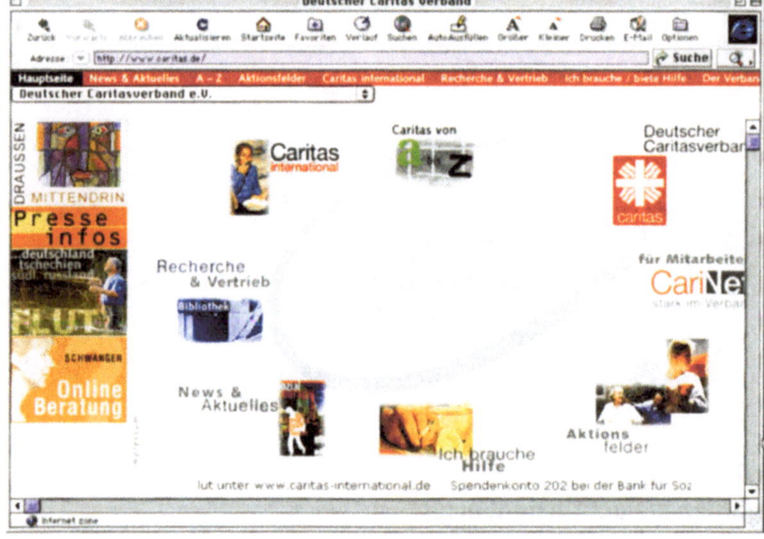

---

[1] Wittgenstein, Ludwig, (1980): *Tractatus logico-philosophicus* (Logisch-philosophische Abhandlung), (orig. 1920). Frankfurt am Main

1.8
Das Wichtigste kommt immer zuerst

Jedes Drama lebt von seinem Spannungsbogen. Diese rhetorische Technik hat Tradition. Der Autor darf sich zu Recht darauf verlassen, dass Sie bis zum Ende seines Stücks im Theater sitzen bleiben werden. Und wann haben Sie das letzte Mal eine Website für zweieinhalb Stunden besucht? Im Durchschnitt werden Sie eher auf zweieinhalb Minuten kommen. Oder noch weniger.

Fürs Internet gilt deshalb: Vermeiden Sie Spannungsbögen. Die entscheidenden Sätze gehören ganz an den Anfang, auf die Startseite. Wer seine Besucher mit einer Luftaufnahme seines Werksgeländes und einem treuherzigen „Willkommen auf den Webseiten der Krauterbach AG" begrüßt, hat einen guten Teil von ihnen schnell wieder verloren.

Wollen Sie überhaupt jemanden ansprechen, der so schnell wegklickt? Setzen Sie nicht Interesse an Ihrer Site voraus? Richtig: Die wenigsten Website-Betreiber zielen auf zufällige Begegnungen mit surfenden Bildschirm-Junkies. Die meisten von uns sprechen ein ausgewähltes Publikum an. Zielgruppen mit konkretem Interesse lassen sich so schnell nicht verprellen. Doch auch wer sich die Mühe macht, auf einer mangelhaften Website über alle Hürden hinweg nach seinem Nutzen zu suchen, behält einen schalen Beigeschmack zurück. Es schmeckt nach „Wie schön wäre es doch, wenn ..."

Sie erinnern sich an unser Beispiel am Anfang dieses Kapitels. Selbst eine so professionell gestaltete Site wie der Webauftritt der Post hinterließ bei Norbert Nutzwert diesen Beigeschmack. Wie hat Norberts Erfahrung auf Sie gewirkt? Wie glaubwürdig erscheint Ihnen in diesem Zusammenhang die zentrale Aussage der Post „Wir bewegen Welten!"?[2] Jede Unklarheit, jede Nachlässigkeit, jede technische Panne kostet Ihre User messbar viel Zeit und Geld. Rechnen Sie nicht mit Wohlwollen. Gestalten Sie Ihre Site von vornherein so benutzerfreundlich wie möglich.

1.8.1
Was ist wesentlich für Ihre Botschaft?

Ein großer Teil Ihrer Aufgabe besteht darin, Ihren Webauftritt regelmäßig von unnötigem Ballast zu befreien. Schnell aufeinanderfolgende Aktualisierungsperioden sind ein Qualitätsmerkmal im Internet. Bereinigen Sie Ihr Angebot. Nehmen Sie alte oder inzwi-

---

[2] Der Fehler auf der Website der Post trat wenige Wochen nach dem ersten Test nicht mehr auf.

schen widersprüchliche Inhalte raus. Achten Sie darauf, dass keine toten Links entstehen.

Die erste Frage lautet: Was ist wesentlich, und was kann ich weglassen? Bewahren Sie keine Inhalte im Web mit dem Hinweis, jemand könnte sie vielleicht mal gebrauchen. Wer könnte sie gebrauchen und wozu? Ihre Zieldefinition beantwortet diese Frage eindeutig. Nur zielführende Informationen gehören ins Internet. Braucht die Firma Krauterbach einen Lageplan im Web? Sicher nicht mit der Zielsetzung, das Call-Center zu entlasten. Raus damit. Sparen Sie sich und Ihren Usern Zeit und Geld.

Die zweite Frage heißt: Wer hat die Inhalte auf der Site schon gebraucht? Messen Sie die Qualität Ihrer Informationen anhand der Zugriffe. Und korrigieren Sie dann Ihre Vermutungen. Verzeichnen Sie auf einer Unterseite wenige oder gar keine Zugriffe, machen Sie sich Folgendes klar: Es gibt drei mögliche Gründe, warum auf eine Unterseite nicht zugegriffen wird. Entweder sie wird nicht gefunden oder sie funktioniert technisch nicht oder niemand hat an den Informationen Bedarf.

Prüfen Sie welche Links auf die betreffende Unterseite führen. Ist die Nutzenbotschaft sauber ausgearbeitet? Klicken Sie sich zur Unterseite durch – am besten auf allen Plattformen Ihrer Zielgruppen. Funktioniert das auch zu Zeiten höchster Auslastung? Konnten Sie die beiden ersten Fragen mit Ja beantworten, werfen Sie die Seite aus Ihrem Angebot heraus. Es besteht kein Bedarf.

1.8.2
Denken Sie an alle Zielgruppen Ihrer Site

Das Wichtigste zuerst. Gut. Nur: Wenn Sie mit Ihrem Webauftritt mehrere Zielgruppen bedienen, müssen Sie sich entscheiden. Das Wichtigste für Zielgruppe A ist für Zielgruppe B vielleicht wenig spannend. Und Zielgruppe C ist überhaupt nicht interessiert. Was tun? Ihre Zieldefinition beantwortet die Frage. Sie haben schriftlich festgehalten, welche Ziele Sie mit welcher Priorität erreichen wollen.

Das wichtigste Ziel der Firma Krauterbach ist es, das Call-Center um 15 Prozent zu entlasten. Wie alle Unternehmen mit einem Webauftritt will auch die Krauterbach AG die Bekanntheit des Unternehmens steigern und das Image aufwerten. Allerdings erst in zweiter Linie, so zu sagen als Nebeneffekt. Wie entscheidet sich die Projektverantwortliche Hilde Meier also? Sicher wird sie den Link „Ihr Benutzerhandbuch als PDF" prominenter darstellen als „175 Jahre Qualität aus Gründlingen".

Vielen kaufmännischen Entscheidern fällt es schwer, Zielgruppen zu priorisieren. Sie möchten jeden bedienen. Jedes Geschäftsfeld bringt schließlich Geld. Drängen Sie schon bei der Zieldefinition in Ihrem Web-Team auf eine eindeutige Abstufung. Je weniger klar diese Abstufung gelingt, desto mehr Kompromisse werden Sie auf Ihrer Site eingehen müssen.

Blättern Sie noch einmal zurück zur Homepage der Post. An wen richtet sich die Hauptaussage: „Wir bewegen Welten!"? An Norbert Nutzwert, der die Öffnungszeiten seiner Filiale herausbekommen möchte? An einen Firmenkunden, der die Wahl hat zwischen zahlreichen privaten Paketdiensten? Oder an einen Anleger, der von der großen Rendite träumt?

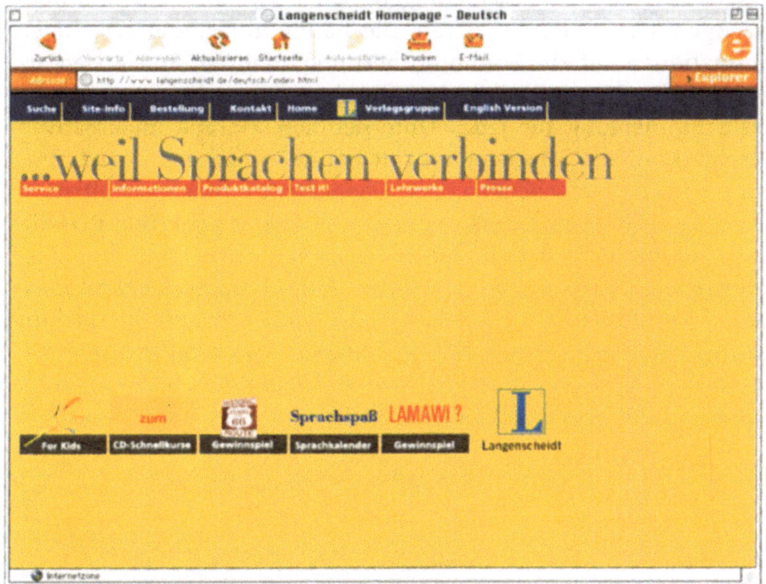

Abb. 1.16
Spruchreif: Langenscheidt spricht unter <www.langenscheidt.de> Sprachinteressierte an. Deutliche Nutzenbotschaft, überzeugendes Design, eindeutige Zielgruppe – klarer geht's nicht.

1.9
Spielereien: Anregung oder Überfrachtung?

Technikverliebte tummeln sich gerne im Web. Viele von ihnen basteln HTML-Seiten für jeden nur denkbaren Anlass. Die Folge sind zahlreiche Sites, die Spieltrieb und Spaß am Tüfteln verraten. Das ist schön und hat im kommerziellen Umfeld nichts zu suchen. Es sei denn, die Zielgruppe erwartet es. Dort wo Vergnügen ein Teil der Nutzenbotschaft ist, gehört Entertainment zum Webauftritt.

1.9.1
Welche Zielgruppen erwarten welchen Unterhaltungswert?

Prüfen Sie Ihre Zielgruppen und Ihre Nutzenbotschaft gewissenhaft. Brauchen Sie animierte Gifs? Muss Ihr Slogan von hinten nach vorne ins Bild einlaufen? Welchen Wert hat die Hintergrundmusik? Alles müssen Ihre Zielgruppen bezahlen – in Form von Zeit und oft auch in Form von Online-Gebühren. Die Wahrscheinlichkeit ist groß, dass technische Spielereien im reinen B2B-Umfeld wenig hilfreich sind.

Geschäftskunden kennen die technischen Möglichkeiten. Sie suchen nach schnellen Informationen oder nutzen das Internet, um Geschäftsabläufe zu beschleunigen. Selbst Design- und Multimedia-Agenturen täten gut daran, die häufig aufwändig gestalteten Animationen auf ein Minimum herunterzufahren. Spielereien ersetzen keine Nutzenbotschaft. Eine klare Nutzenbotschaft ist die beste Empfehlung für jedes Unternehmen. Gerade im kreativen Bereich können Unternehmen mit kaufmännischem Verständnis punkten. Viele verschenken diese Chance mit ihrem Webauftritt.

Bei der B2C-Kommunikation sieht es anders aus. Häufig verfügen sehr junge Endverbraucherzielgruppen über besonders leistungsfähige Rechner. Und über eine Fun-orientierte Erwartungshaltung an die Webauftritte ihrer Lieblingsmarken. Ein Beispiel für gelungenes Entertainment finden Sie unter <www.milka.de>. Schokolade hat mit Spaß zu tun, mit Genuss. Diese Botschaft steht hinter der originellen Spielewelt dieser Website.

Abb. 1.17
Alpines Vergnügen: Bei <www.milka.de> werden Sie schon auf der Startseite aufgefordert, das Alpendorf zu besuchen. Oder wollen Sie doch zuerst den Gipfel stürmen? So ein Abenteuer macht Appetit – auf Schokolade.

1.9.2
Plug-ins – muss das sein?

Ein Plug-in bringt Funktionalität auf Ihre Site. Und erhöht die Einstiegshürde. Nicht jeder tut sich das an. Haben Sie schon einmal den Real-Player installiert? Sie finden ihn unter <www.real.com>. Entweder Sie laden die kostenpflichtige Version auf Ihren Rechner oder Sie suchen minutenlang nach dem Link zur abgespeckten Gratis-Version. Die automatische Installation läuft ebenso ungewiss ab wie bei fast allen Software-Produkten. Die Chance, dass das Programm auf Ihrem Rechner mit Ihrer Software-Konstellation läuft, ist immerhin relativ hoch.

Jedes Zusatzprogramm, dass Sie Ihrer Zielgruppe abverlangen, ist ein potenzieller Grund zum Aussteigen. Den Real-Player verlangt Amazon.de von seinen Kunden, wenn sie Hörproben der CDs genießen wollen. Das ist sinnvoll. Erstens ist die Site auch ohne das Zusatzprogramm voll funktionsfähig. Und zweitens bietet Amazon auch Alternativen an. Der Nutzen für den Anwender ist groß. Ebenso der Vorteil für Amazon.

Abb. 1.18
Hört, hört:
Rockveteran Sting mit
CD-Auszügen bei
<www.amazon.de>.
Das Zusatzprogramm
Real-Player bringt dem
User einen wertvollen
Zusatznutzen – er
kauft die Katze nicht
im Sack.

Fragwürdiger sind solche Plug-ins, ohne die eine Site gar nicht erst läuft. Zum Beispiel der Flash-Player oder der Shockwave-Player von Macromedia. Die beiden Zusatzprogramme erlauben es, bewegte und sogar dreidimensionale Objekte auf Ihrer Homepage zu verwenden. Sie laden die Plug-ins unter <www.macromedia.com>.

Sollten Sie auf ein derartiges Plug-in nicht verzichten wollen, schalten Sie in jedem Fall eine Plug-in-Weiche vor. Das kann eine Seite sein, auf der sich der User für die Plug-in-freie Version der Website entscheiden kann. Werten Sie unbedingt Ihre Zugriffsstatistiken aus. Wenn niemand die Plug-in-Version sehen will, raus damit.

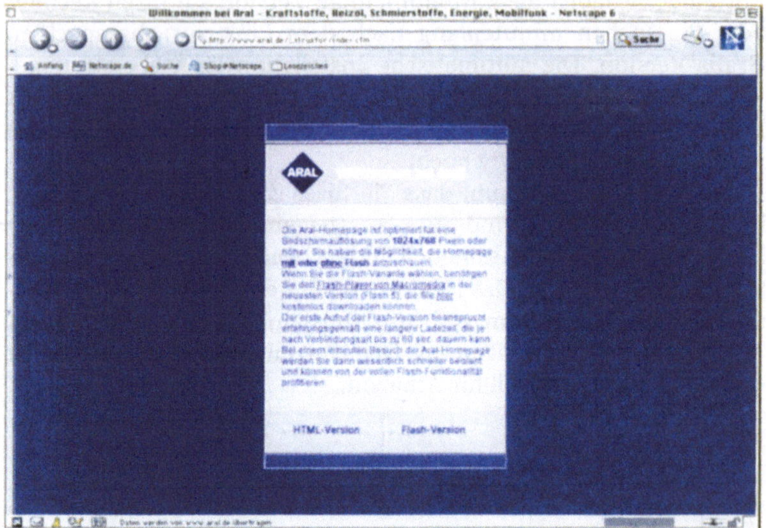

Abb. 1.19
Alles super:
<www.aral.de>
arbeitet mit Plug-ins
und lässt den User
entscheiden, welche
Version er sehen möch-
te. Super plus wäre
eine automatische
Plug-in-Erkennung.

Zusätzlichen Nutzen bringt eine automatische Plug-in-Erkennung. Sie bietet die abgespeckte Site erst dann an, wenn der User das Plug-in nicht schon installiert hat. Sie sparen Ihrer Zielgruppe einen Mausklick. Vielleicht den entscheidenden.

1.10
Welche Bildschirmgröße ist optimal?

Die Bildschirmauflösungen im B2B-Umfeld werden von Web-Designern generell überschätzt. Besonders die großen Unternehmen der Old Economy tun sich schwer mit der Nachrüstung moderner Hardware. Verständlich: Der Kostendruck bei Tausenden Arbeitsplätzen ist enorm. Es macht Sinn, die alten Monitore erst nach und nach auszutauschen. Das gilt besonders für die Laptops reisender Mitarbeiter. Laptops sind teurer als Desktop-Rechner. Und wer einen größeren Monitor will, muss das ganze Gerät austauschen.

Richten Sie Ihre Website nach der Bildschirmauflösung bei Ihren Zielgruppen aus. Fragen Sie Ihre Ansprechpartner bei Ihren

Kundenunternehmen und finden Sie heraus, was Sache ist. Im Zweifelsfall gestalten Sie die Site so, dass innerhalb einer Auflösung von 800 mal 600 Pixeln alle Navigationselemente ohne scrollen zu sehen sind. Diese Auflösung entspricht einem 15-Zoll-Monitor und einem Rechner mit schwacher Grafik-Karte, also zum Beispiel dem Bildschirm eines älteren Laptops. Die Screenshots am Anfang des Kapitels sind in dieser Auflösung erstellt.

Für die überwiegende Mehrheit der Web-User dürfen Sie eine Bildschirmauflösung von 1024 mal 768 voraussetzen. Die Humoristen unter den Programmierern nennen diese Auflösung den „Aldi-Standard": Die Discounter-Kette drückte Geräte dieses Standards im großen Stil in den deutschen Markt.

1.10.1
Beschränken Sie sich auf den sichtbaren Bildschirmbereich

Wenn Sie sich für eine Bildschirmauflösung entschieden haben, packen Sie die Informationen jeder Seite in den sichtbaren Bereich. Wollen Sie mehr sagen als ohne zu scrollen sichtbar wäre, kürzen Sie den Text. Ist alles wichtig, legen Sie Unterseiten an.

Scrollbalken zeigen, dass eine Seite überfrachtet ist. Norbert Nutzwert scrollt ungern. Seine Feinmotorik ist nur durchschnittlich ausgeprägt. Das Trackpad von Susannes Laptop überfordert ihn fast. Jede Cursor-Bewegung kostet Zeit und ist ein Grund für den vorzeitigen Ausstieg aus der Site.

2 Web Design

2.1
Klarheit vor Verspieltheit

Die Nutzenbotschaft hat immer Vorrang – beim Text wie bei der Gestaltung. Prüfen Sie Ihr Website-Layout, ob jedes gestalterische Element Ihre Nutzenbotschaft unterstützt. Sei es durch gezielte Blickführung oder durch Illustrationen die den Text ergänzen. Achten Sie darauf, dass keine grafischen Elemente den User in die Irre leiten. Ihre Navigationselemente müssen stets deutlich kontrastieren.

Grundsätzlich gilt: Funktionalität geht vor Corporate Identity. Und erst recht vor künstlerischen Spielereien. Machen Sie die Gegenprobe. Beginnen Sie mit einer weißen Fläche. Begründen Sie jedes Element, das Sie hinzufügen. Nutzen Sie zum Argumentieren Ihre Zieldefinition. Sie werden staunen, wie klar und übersichtlich Ihre Site wird.

2.2
Reduktion auf das Wesentliche

Fokussieren Sie Ihre Bildsprache. Welches sind Ihre zentralen Visuals, welche Elemente unterstützen sie? Bleiben Sie bei einem durchgängigen Stil. Und reduzieren Sie die Zahl Ihrer Bilder. Das Web ist kein Print-Medium. Bieten Sie prägnante Textbotschaften dort, wo jetzt noch Schmuckbilder zu finden sind. Ihre User werden sich mit höheren Klickraten bedanken.

Das gilt natürlich nur für Sites, bei denen Bilder nicht den Gegenstand der Nutzenbotschaft darstellen. Unternehmen wie Kunstgalerien, Online-Shops, und Model- oder Bildagenturen sollen auf jeden Fall zeigen, was sie zu bieten haben. Auch auf einer Bewerbungs-Homepage gehört das Portrait des Bewerbers zur Nutzenbotschaft. Stellen Sie in solchen Fällen so genannte Thumbnails auf Ihre Site, also auf Daumennagelgröße verkleinerte Bilder. Erst auf Doppelklick sollten sie sich in einem eigenen Fenster zu voller Größe aufbauen. Der User kann auf diese Weise selbst entscheiden, ob er das Bild genauer betrachten möchte.

Sinnvolle Namen für Ihre Bilddateien helfen dem User bei der Entscheidung, ob er die Ladezeit investieren möchte. Größere Bilder sollten so eingestellt sein, dass sie sofort erscheinen und während des Ladens immer schärfer werden.

Liebhaber von Grafiken sollten im Web in Zurückhaltung üben. Grafiken sind oft hilfreich. Sie unterstützen und visualisieren Textbotschaften. Grafiken lassen sich schneller einprägen als Texte. Doch nur dann, wenn sie nicht mit Aussagen überfrachtet sind. Oft sieht man bis zum Anschlag ausgereizte Powerpoint-Folien, die eins zu eins ins Web gestellt worden sind. Beachten Sie: Mehr als eine einzige Botschaft pro Grafik merkt sich kein Surfer. Da Grafiken als Bilder geladen werden, verlangsamen sie den Aufbau der Site.

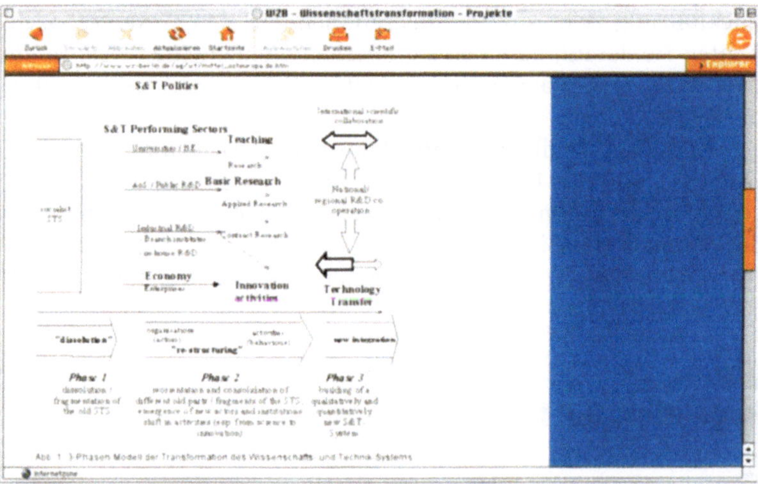

Abb. 2.1
Alle Klarheiten beseitigt: Das Wissenschaftszentrum Berlin für Sozialforschung <http://www.wz-berlin.de/ag/wt/mittel_osteuropa.de.htm> fordert seine User mit schwer verdaulichen Grafiken.

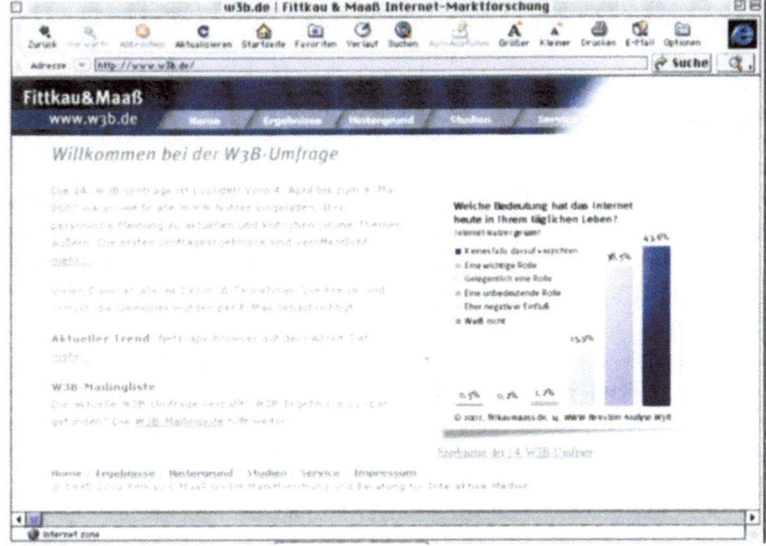

Abb. 2.2
Quadratisch, praktisch,
gut: 43,6 Prozent aller
Internet-Nutzer wollen
nicht mehr auf das
Medium verzichten.
Die Gestalter von
<www.w3b.de> brin-
gen ihre Botschaft mit
einer klaren Grafik auf
den Punkt.

2.3
Schnelligkeit und intuitive Benutzerführung

Sorgen Sie für Übersichtlichkeit auf den ersten Klick. Die zentralen
Fragen lauten:

1. Lädt Ihre Site schnell genug?

2. Sorgen Sie für Spannung von der ersten Sekunde an, also noch
   während sich die Startseite aufbaut?

3. Bieten Sie eine klare Nutzenbotschaft?

4. Führen Gestaltung und Text den User intuitiv zu seinem Ziel?

5. Wie viele Klicks sind nötig, um die drei wichtigsten Seiten für
   jede Zielgruppe zu erreichen?

Vermeiden Sie mehrere, verschieden benannte Links auf ein und
dieselbe Unterseite. Beim Beispiel RL-Klimatechnik aus Kapitel 1
führen insgesamt drei verschiedene Links auf dieselbe Seite – nämlich auf die gerade angezeigte. Das irritiert den User. Es wird Vielfalt
vorgetäuscht, wo keine ist. Je transparenter und nachvollziehbarer
Sie verlinken, desto intuitiver ist Ihre Site benutzbar. Bauschen Sie
das Angebot Ihrer Site nicht durch unangemessen viele Hyper-

links auf. Verlinken Sie nicht das, was möglich ist, sondern das, was aus der Sicht der User sinnvoll scheint.

2.4
Die Drei-Mausklicks-Regel

Eine nutzbringende Unterseite sollte nicht weiter als drei Klicks von der Homepage entfernt sein. Wer viel klicken muss, ärgert sich. Lotsen Sie Ihren User nicht unnötig hin und her. Nehmen Sie ihn bei der Hand. Je weniger er klicken muss, desto positiver ist er gestimmt.

Nutzen Sie die Möglichkeiten der Blickführung, damit Ihr User auf dem rechten Weg bleibt. Die Palette reicht von Schlüsselbegriffen und Signalwörtern über Farbkontraste und Formensprache bis hin zu Schlüsselbildern. Prüfen Sie die Architektur Ihrer Site und flachen Sie sie immer weiter ab.

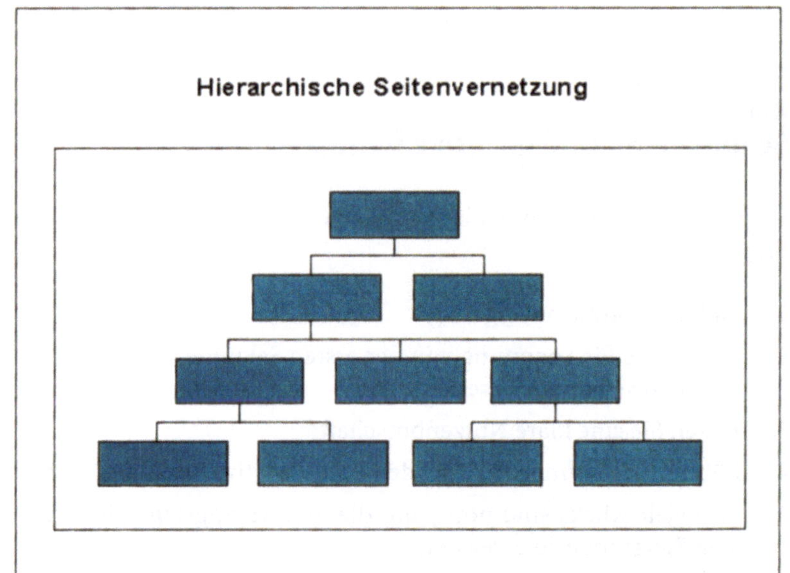

Abb. 2.3
Ordnung schafft Klarheit: Die hierarchische Vernetzung organisiert die Struktur der Seiten systematisch nach der Wichtigkeit der Inhalte.

Die hierarchische Vernetzung organisiert die Struktur der Seiten systematisch nach der Wichtigkeit der Inhalte. Zum Beispiel leitet die Seite „Unser Produktangebot" auf die Seiten „Produkte für Endverbraucher und „Produkte für Unternehmen", die dann zu den einzelnen Produkten führen.

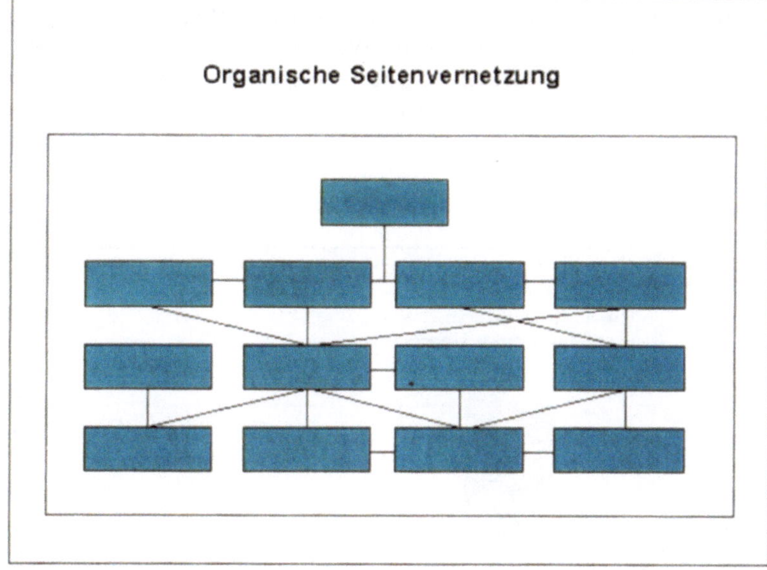

Abb. 2.4
Ihre Website lebt:
Mit einer organischen
Struktur verbinden Sie
Ihre Seiten nach
inhaltlichen Gesichts-
punkten.

Mit einer organischen Struktur verbinden Sie Ihre Seiten nach inhaltlichen Gesichtspunkten. Von der Seite für ein bestimmtes Produkt kann beispielsweise auf die Seiten „Basisversion", „Service" und „ökologische Aspekte" gelinkt werden; je nachdem, was dem User Zusatznutzen bringt.

Vernetzen Sie Ihre Seiten sowohl organisch als auch hierarchisch: Verbinden Sie Ihr Angebot nach thematischen und strukturellen Gesichtspunkten. So finden sich Ihre User am schnellsten zurecht.

2.5
Der Trend geht weg von Frames

Frames sind Browser-Fenster im Browser-Fenster. Zu Zeiten analoger Telefonmodems waren sie der Königsweg. Frames sorgen für kurze Ladezeiten, da ein Teil des Bildschirminhalts beim Weiterklicken nicht neu geladen werden muss. Typischerweise bringt man die ubiquitäre Navigationsleiste im linken beziehungsweise oberen Frame der Site unter. Ubiquitär heißt, dass sich die Navigation auf der Haupt- und jeder Unterseite an der gleichen Stelle befindet.

Die besseren Ladezeiten sind zwar immer noch ein Vorteil. Datenintensive Bildinformationen finden sich allerdings eher auf den Seiten selbst. Die Frames haben vergleichsweise geringe Ladezeiten. Somit überwiegen die Pluspunkte beim Programmieren ohne

Frames: Die Fehlerquote sinkt, da weniger Einzeldateien verwaltet werden müssen. Jede Seite Ihres Webauftritts lässt sich einzeln bookmarken und ausdrucken. Und jede gebookmarkte Seite wird bei erneutem Aufruf vollständig angezeigt.

Abb. 2.5
Im Rahmen:
<www.kmt.de>
ist mit Frames erstellt.
Die Frames müssen bei
Seitenaufrufen nicht
neu geladen werden.
Der Vorteil ist gering.

Abb. 2.6
Köpfchen:
Wer mit Frames
programmiert, verliert
leicht den Überblick,
wie der Urheber von
<www.schomberg-
volz.de> beweist. Die
Inhaltsseiten tauchen
im falschen Frame auf.

2.6
Verfeinern Sie das Schriftbild

Das richtige Schriftbild trägt entscheidend dazu bei, dass ein Text
gelesen wird. Das gilt für Print-Erzeugnisse wie fürs Internet. Viele
Regeln der Typografie lassen sich eins zu eins übertragen. Doch es
gibt auch wesentliche Unterschiede zwischen den beiden Darstel-
lungsformen.

2.6.1
Wählen Sie geeignete Schriften

Verzichten Sie im Web auf Ihre Unternehmensschrift, wenn sie
nicht auf den Rechnern Ihrer User zu finden ist. Der Browser des
Users wird sie durch eine Standardschrift ersetzen. Dadurch haben
Sie keine Kontrolle mehr darüber, wie Ihre Site angezeigt wird. Das
ist leider bei ziemlich allen Schriften der Fall. Websichere Schriften
sind

- Arial

- Helvetica

- Verdana

Überschriften, Schriftzüge und Slogans können Sie in jeder beliebigen Schrift als Bilddatei gestalten. Ebenso die Navigations-Buttons.
Sie wägen ab zwischen Ladezeit und Corporate Identity.

Es gibt noch weitere Standardschriften. Hüten Sie sich vor ihnen.
Die gute alte Courier beispielsweise hat im Webzeitalter ausgedient.
Das Schreibmaschinenschriftbild hat höchstens nostalgische Quali-
täten. Im Gegensatz zu den oben genannten Schriftarten ist die Courier keine Proportionalschrift. Das heißt, dass jeder Buchstabe gleich
viel Platz in Anspruch nimmt, das schmale „I" ebensoviel wie das
breite „W". Das macht die Courier schwer zu lesen.

```
Die gute alte Courier beispielsweise hat im
Webzeitalter ausgedient. Das Schreibmaschinen-
schriftbild hat höchstens nostalgische
Qualitäten. Im Gegensatz zu den oben genannten
Schriftarten ist die Courier keine Proportional-
schrift. Das heißt, dass jeder Buchstabe gleich
viel Platz in Anspruch nimmt, das schmale I eben-
soviel wie das breite W. Das macht die Courier
schwer zu lesen.
```

Abb. 2.7
*Die Courier eignet sich
weder für Druck-
erzeugnisse noch
fürs Web.*

Die Times New Roman ist ebenfalls auf jedem Rechner zu finden. Sie gehört zu den Serifenschriften. Serifen sind die kleinen Füßchen an den Enden der Buchstaben. Die meisten tagesaktuellen Print-Produkte verwenden Serifenschriften. Die Füßchen helfen uns, Buchstaben schneller zu erfassen. Außerdem haben wir uns längst daran gewöhnt, Fließtexte in Serifenschrift zu lesen. Serifenschriften sind deshalb leichter zu erfassen als die so genannten Groteskschriften, die auf die Füßchen verzichten.

Serifenschrift

Groteskschrift

Das gilt allerdings nur für Druckerzeugnisse. Bei der wesentlich geringeren Auflösung des Bildschirms zerfallen die Füßchen von Serifenschriften in einzelne Pixel. Dadurch kehrt sich der Vorteil in einen Nachteil um. Arial, Helvetica und Verdana sind Groteskschriften. Sie sind besser für die Bildschirmdarstellung geeignet.

Die Times New Roman ist ebenfalls auf jedem Rechner zu finden. Sie gehört zu den Serifenschriften. Serifen sind die kleinen Füßchen an den Enden der Buchstaben. Die meisten tagesaktuellen Print-Produkte verwenden Serifenschriften. Die Füßchen helfen uns, Buchstaben schneller zu erfassen. Außerdem haben wir uns längst daran gewöhnt, Fließtexte in Serifenschrift zu lesen. Serifenschriften sind deshalb leichter zu erfassen als die so genannten Groteskschriften, die auf die Füßchen verzichten.

2.6.2
Passen Sie den Zeilenabstand der Schriftgröße an

Schriftgröße und Zeilenabstand beeinflussen die Lesegeschwindigkeit wesentlich. Nehmen Sie keine Voreinstellungen als gegeben hin. Über HTML-Stilvorlagen, so genannte Style-Sheets, definieren Sie bequem die Parameter für Ihre komplette Site. Prüfen Sie Ihre Einstellungen auf unterschiedlichen Betriebssystemen mit unterschiedlichen Browsern. Sie werden überrascht sein.

2.6.3
Begrenzen Sie die Zeilenlänge

Überlassen Sie auch die Zeilenlänge nicht dem Zufall. Die ideale Zeilenlänge im Print-Medium beträgt fünf bis sieben Wörter. Alle tagesaktuellen Zeitungen verwenden ein entsprechendes Spaltenmaß. Aufs Web übertragen würde das bedeuten, dass Sie zweispaltig arbeiten müssten. Das brächte Komplikationen bei Aufbau, Programmierung und Wartung der Seiten mit sich. Hier ist ein Kompromiss sinnvoll. Begrenzen Sie die Länge Ihrer Zeilen auf maximal zehn Wörter.

2.6.4
Je weniger Vielfalt, desto klarer die Darstellung

Beschränken Sie sich auf zwei bis drei Schriftarten in zwei bis drei Schriftgrößen. Wählen Sie höchstens zwei bis drei Schriftfarben. Mehr schafft Verwirrung. Setzen Sie unterschiedliche Schriftparameter systematisch ein: Zwei Überschriften derselben Bedeutungsebene sollten in Schriftbild und Farbe identisch aussehen. Eine größere Schrift legt eine höhere Bedeutungsebene nahe.

Abb. 2.10
Wirrwarr: Viele Schriften, wenig Klarheit. Trotz großflächiger Ruheräume wirkt <www.gui-design.de> überladen. Zu viele Schriftarten, -größen und -farben verwirren den Betrachter.

2.7
Die reduzierte Web-CI

Die Corporate Identity ist der Ausdruck eines klar strukturierten, einheitlichen Selbstverständnisses eines Unternehmens nach innen und außen. Zur Corporate Identity, kurz CI genannt, gehören die Philosophie der internen und externen Kommunikation, Umgang mit Kunden, Partnern, Mitarbeitern und Wettbewerbern, das Qualitätsmanagement, Kernkompetenzen, Produktlinien, Leistungen und das Corporate Design, auch CD genannt.

Das Internet hat den Begriff CI um eine Facette erweitert. Es macht Sinn, den Webauftritt Ihres Unternehmens in Ihre CI einzugliedern. Einheitlich definierte Farben, Formen und Proportionen dienen der Einzigartigkeit und der Wiedererkennung.

Doch wie Sie schon bei den Schriften gesehen haben, setzt Ihnen die Hypertext Markup Language Grenzen. Sie verfügen über weniger Möglichkeiten der Nuancierung. Die Vorgaben Ihrer CI können Sie nur annäherungsweise einhalten. Nutzen Sie diese Reduktion Ihrer Möglichkeiten im Web: Konzentrieren Sie sich noch konsequenter auf das Wesentliche.

2.7.1
Die Farben im Web

Es gibt nur 216 Farben, die auf allen Browsern unter allen Betriebssystemen im Web gleich dargestellt werden. Sie erkennen diese Farben daran, dass sie in Hexadezimalwerten angegeben sind und Paare aus den Werten 00, 33, 66, 99, CC oder FF bilden. Der HTML-Befehl <bgcolor ="#FFFFFF"> beispielsweise erzeugt einen weißen Hintergrund. Dieses Weiß wird auf allen Systemen gleich angezeigt. Es macht Sinn, Ihre präzise definierten HKS- oder Pantonefarben nur annäherungsweise auf Ihren Webauftritt zu übertragen. Wählen Sie diejenigen websicheren Farben, die Ihren Ausgangsfarben am nächsten kommen.

Halten Sie keine Drucksachen an den Bildschirm. Sie werden enttäuscht sein. Das Blau kommt grüner, das Rot ist zu gelb. Oder anders herum. Es spielt keine Rolle. Da die Monitore der Web-User ohnehin alle verschieden kalibriert sind, haben Sie keine Kontrolle über die Nuancen. Achten Sie statt dessen darauf, dass das Farbklima Ihres Webauftritts in sich stimmig ist. Sorgen Sie dafür, dass klare Kontraste den Blick des Betrachters auf das Wesentliche lenken. Feinere Farbabstimmungen dienen dazu, untergeordnete Aspekte voneinander abzugrenzen.

#FFFFFF - 255.255.255	#FFFFCC - 255.255.204	#FFFF99 - 255.255.153	#FFFF66 - 255.255.102	#FFFF33 - 255.255.51	#FFFF00 - 255.255.0
#FF66FF - 255.102.255	#FF66CC - 255.102.204	#FF6699 - 255.102.153	#FF6666 - 255.102.102	#FF6633 - 255.102.51	#FF6600 - 255.102.0
#CCFFFF - 204.255.255	#CCFFCC - 204.255.204	#CCFF99 - 204.255.153	#CCFF66 - 204.255.102	#CCFF33 - 204.255.51	#CCFF00 - 204.255.0
#CC66FF - 204.102.255	#CC66CC - 204.102.204	#CC6699 - 204.102.153	#CC6666 - 204.102.102	#CC6633 - 204.102.51	#CC6600 - 204.102.0
#99FFFF - 153.255.255	#99FFCC - 153.255.204	#99FF99 - 153.255.153	#99FF66 - 153.255.102	#99FF33 - 153.255.51	#99FF00 - 152.255.0
#9966FF - 153.102.255	#9966CC - 153.102.204	#996699 - 153.102.153	#996666 - 153.102.102	#996633 - 153.102.51	#996600 - 153.102.0
#66FFFF - 102.255.255	#66FFCC - 102.255.204	#66FF99 - 102.255.153	#66FF66 - 102.255.102	#66FF33 - 102.255.51	#66FF00 - 102.255.0
#6666FF - 102.102.255	#6666CC - 102.102.204	#666699 - 102.102.153	#666666 - 102.102.102	#666633 - 102.102.51	#666600 - 102.102.0
#33FFFF - 51.255.255	#33FFCC - 51.255.204	#33FF99 - 51.255.153	#33FF66 - 51.255.102	#33FF33 - 51.255.51	#33FF00 - 51.255.0
#3366FF - 51.102.255	#3366CC - 51.102.204	#336699 - 51.102.153	#336666 - 51.102.102	#336633 - 51.102.51	#336600 - 51.102.0
#00FFFF - 0.255.255	#00FFCC - 0.255.204	#00FF99 - 0.255.153	#00FF66 - 0.255.102	#00FF33 - 0.255.51	#00FF00 - 0.255.0
#0066FF - 0.102.255	#0066CC - 0.102.204	#006699 - 0.102.153	#006666 - 0.102.102	#006633 - 0.102.51	#006600 - 0.102,0

Abb. 2.11
Alles schön bunt hier: Eine Auswahl web-sicherer Farben als HTML-Farbcodes und als RGB-Werte. Insgesamt werden 216 Farben auf allen Browsern gleich dargestellt.

2.7.2
Wo ist denn das Logo?

Die CI definiert, wo auf einer Druckseite das Logo des Unternehmens steht. Auf einer Anzeigenseite oder einer Broschüre findet sich das Logo häufig unten rechts. Auf dem Briefpapier ist es nicht selten oben rechts angeordnet. Beides hat mit dem Blickverlauf des Betrachters zu tun. Fürs Internet gelten andere Regeln – aus technischen Gründen. Das Firmenlogo ist auf einer Website sinnvollerweise immer im oberen Bildbereich angesiedelt. Vorzugsweise oben links. Dieser Bereich des Bildes wird von allen Systemen angezeigt, ganz gleich, welche Bildschirmauflösung eingestellt ist.

Abb 2.12
Ausgewogen: Corporate Identity der Shell GmbH für Broschüren. Das Logo steht unten rechts auf der Titelseite.

Abb. 2.13
Angepasst:
Die Shell-CI im Web.
Das Logo steht
links oben.

2.8
Schlüsselbegriffe im Web

Bezeichnen Sie gleiche Inhalte immer mit ein und demselben Begriff. Definieren Sie die wichtigsten Wortfelder Ihres Unternehmens. Prüfen Sie, ob Sie zentrale Begriffe aus Ihren gedruckten Unterlagen ins Web übernehmen können. Kriterien dafür sind:

- Allgemeine Verständlichkeit
- Klare Bedeutung
- Positive Assoziation

Je konsequenter Sie die Schlüsselbegriffe Ihres Unternehmens einsetzen, desto schneller übermitteln Sie Ihre Botschaft. Ihre Zielgruppe lernt die Bedeutung dieser zentralen Aussagen und verbindet sie mit Ihrem Unternehmen oder mit Ihren Produktmarken.

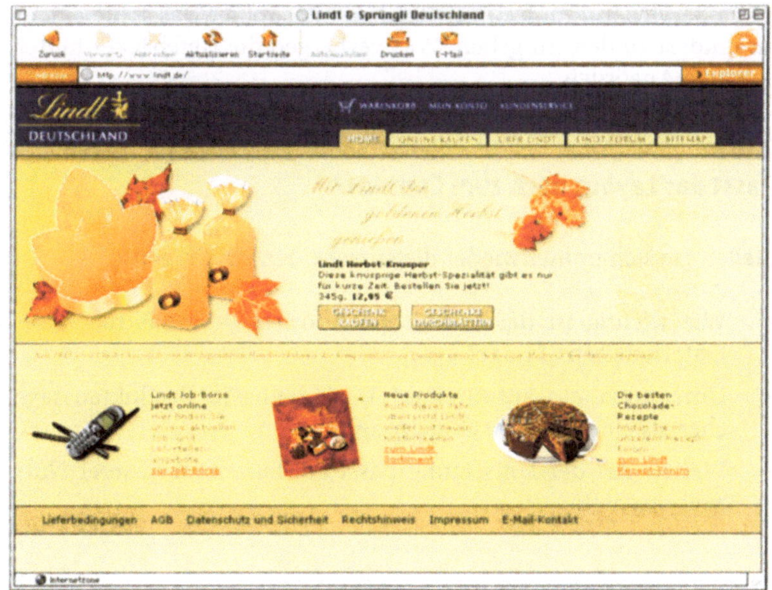

Abb. 2.14
Schokoladenseite wörtlich genommen: Von „Lindt Herbst-Knusper" über die „Lindt Job-Börse" und das „Lindt Sortiment" bis hin zum „Lindt Rezept-Forum" finden Sie unter <www.lindt.de> eine durchgängige Begriffswelt.

2.9 Gestalteter Content

Im Internet präsentiert sich eine Mücke leicht als Elefant. Zahlreiche Freiberufler beispielsweise nutzen im Web grundsätzlich den Pluralis Majestatis: „Wir erstellen Ihnen kostengünstig Layouts und Texte jeder Art". Potenzielle Kunden sind darauf vorbereitet. Sie suchen nach Indizien, mit wem sie es in Wirklichkeit zu tun haben. Die schiere Menge der Unterseiten führt gern in die Irre. Ein untrügliches Anzeichen für Mogeleien ist der Verweis auf „ein Netzwerk aus zahlreichen freien Mitarbeitern", möglichst ohne Zahlen und Ortsangaben.

Seriöser wirkt Ehrlichkeit. Besonders im Web. Zur Ehrlichkeit gehört eine angemessene Internet-Präsenz. Nehmen Sie die Fragen vorweg, die Ihnen ein potenzieller Geschäftspartner am Telefon stellen würde. Dazu zählen bei vielen Branchen neben Angaben zu den Produkten oder Dienstleistungen auch die Anzahl der Mitarbeiter, die Standorte des Unternehmens, die Kunden, das Gründungsdatum und die genaue Firmierung.

Alle Angaben sollten so präzise wie möglich gehalten sein. Ein kleines Unternehmen mit einer marktüblichen Dienstleistung wird auf diese Weise kaum mehr als zwölf Seiten ins Web stellen. Ein

Pizza-Service mit fünfseitiger Firmenphilosophie? Das sollte einem zumindest zu denken geben. Was verbergen die Hefebäcker hinter solchem Anspruch?

2.9.1
Passt das Layout noch zum Content?

Stellen Sie sich immer wieder die entscheidenden Fragen:

- Wie wichtig ist der technische Know-how-Beweis für unser Unternehmens-Image?

- Unterstützt ein aufwändiges Design unsere Produktaussage eher als eine einfache Gestaltung?

- Welche Art der Umsetzung passt am besten zu unserer Nutzenbotschaft?

Abb. 2.15
Räumt die Steine aus dem Weg: Klares Design, klare Botschaft unter <www.stepstone.de>. Wer einen Job sucht, will keine langen Intros laden müssen.

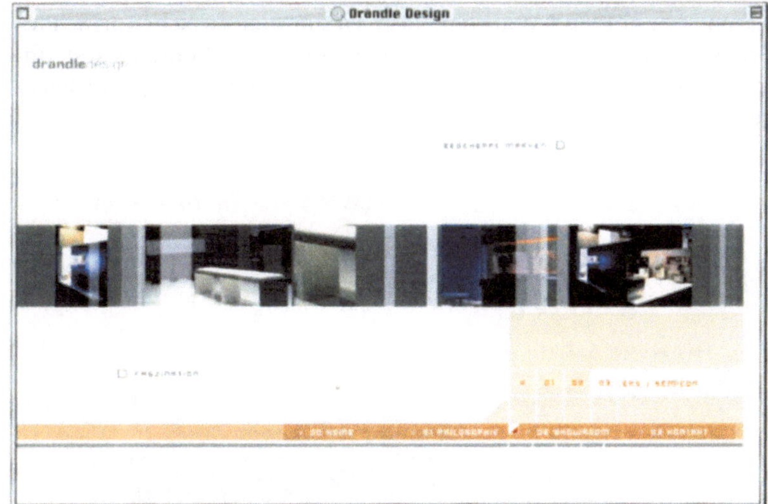

Abb. 2.16
Was lange währt:
Ausgedehnte Lade-
zeiten müssen die
Besucher von
<www.draendle-
design.de> in Kauf
nehmen. Der Auftritt
vermittelt den Eindruck
eines Unternehmens-
videos. „Faszination"
hat eben ihren Preis.

2.9.2
Führen Sie den User nicht in die Irre

Prüfen Sie immer wieder gewissenhaft: Erfüllen Sie mit Ihrer Webpräsenz das, was Sie auf der Startseite versprechen? Betrachten Sie
diese Frage immer aus der Sicht der User. Sind Ihre Navigationselemente eindeutig benannt und leicht zu finden? Haben Sie sämtliche Links und Funktionen der Site getestet? Welche Meldung
erhält der User beispielsweise nach Absenden eines Formulars?

Sorgen Sie dafür, dass Sie nicht nur per E-Mail erreichbar sind.
Auch das gehört zur Seriosität. Wie oft wollten Sie selbst schon im
Web schnell mal eine Telefonnummer herausfinden. Und siehe da,
das betreffende Unternehmen hielt es nicht für nötig, die Telefonnummer anzugeben. Eine solche Auslassung ist ärgerlich, ob sie
nun absichtlich oder aus Versehen zustande gekommen ist.

2.9.3
Sorgen Sie für ein gesundes Wort-Bild-Verhältnis

„Ein Bild sagt mehr als tausend Worte", entdeckte der Volksmund
seinerzeit. Nur wusste er damals noch nichts von langen Ladezeiten. Blumige Seiten mit wenig Informationsgehalt sind allenfalls
bei Designern wünschenswert. Auf dem anderen Ende der Skala
stehen die Bleiwüsten von Programmierern, die seitenstarke Pa-
pierdokumente eins zu eins in ihre Website-Templates einlaufen

lassen. Die goldene Wahrheit liegt wie immer zwischendrin. Finden Sie den richtigen Kompromiss für Ihre Site. Wenn Sie stets Ihre Zieldefinition im Auge behalten, wird Ihnen der Spagat leicht gelingen.

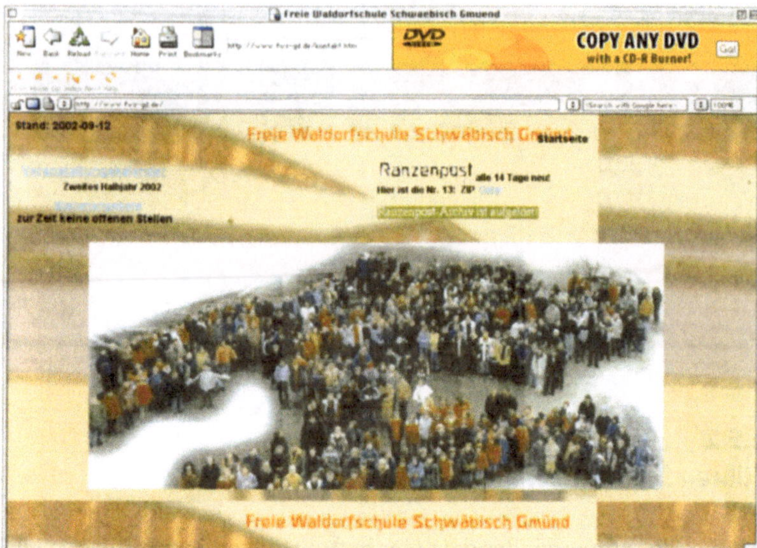

Abb. 2.17
Da fehlen einem
die Worte:
Der Gestalter von
<www.fws-gd.de>
hat nicht viel zu sagen.

3 Webtext

3.1
Ihr wichtigstes Ziel heißt Vertrauen schaffen

Ihre Texte informieren, regen an, unterhalten, verblüffen, machen Spaß. Im Web haben Ihre Worte eine wesentliche Zusatzfunktion: Sie helfen beim Navigieren. Hervorgehobene Schlüsselbegriffe und Hyperlinks leiten den Leser zu seinem Nutzen.

Der Leser hat im Web größeren Zeitdruck als bei jedem anderen Medium. Was auch immer Sie zu sagen haben, Sie werden es effizient rüberbringen müssen. Wer nicht auf den Punkt kommt, hat seinen Leser verloren. Die nächste Site ist nur einen einzigen Mausklick entfernt.

Die vornehmste Aufgabe Ihrer Texte im Web ist es, Vertrauen zu schaffen. Im Web kann jeder alles behaupten. Eine gedruckte Broschüre legen Sie Ihrem Anwalt vor, wenn irreführende Werbung Sie verprellt hat. Eine Website ist vielleicht schon Stunden nach Ihrer Bestellung nicht mehr auffindbar.

Die Broschüre halten Sie in der Hand. Sie spüren die Papierqualität, Sie genießen die aufwändigen Illustrationen und Sie bekommen ein sicheres Gefühl für die Wertigkeit des Angebots. Dasselbe Angebot sieht im Web weniger differenziert aus. Ein Konkurrenzprodukt kostet vielleicht nur ein Drittel und wird auf doppelt so vielen Seiten dargestellt.

Im Web ist Ihre Sprache der Schlüssel zum Vertrauen des Lesers. Benutzen Sie seine Worte. Hüten Sie sich vor Allgemeinplätzen ebenso wie vor Übertreibungen. Sprechen Sie in Bildern. Gliedern Sie Ihre Texte übersichtlich und machen Sie deutlich, was der Leser von Ihrem Unternehmen und Ihrem Angebot erwarten kann. Behaupten Sie nichts, was Sie nicht beweisen können. Sagen Sie nur das, was Sie klar sagen können. Und schreiben Sie ausschließlich von Dingen, an die Sie selbst glauben. Jede Ungenauigkeit, jede Doppeldeutigkeit, jeder innere Abstand zum Gesagten sät Zweifel beim Leser.

Sie überzeugen Ihren Leser mit Klarheit. Mit Aufrichtigkeit. Und mit einem nutzbringenden Angebot. Verschenken Sie nicht das gute Gefühl, das er Ihnen und Ihrer Sache entgegenbringt. Zeigen Sie Ihrem Leser, was Sie von ihm erwarten. „Bestellen Sie hier" oder „Entscheiden Sie sich jetzt und sparen Sie 15 Prozent" sind deutliche Handlungsaufforderungen, die keine Frage übrig lassen. Interaktion ist das Wesen des Web. Sie fängt bei Ihren Texten an.

Abb. 3.1
Wer sparen will, muss klicken: <www.edeka.de> macht's richtig. Ein Pop-up-Fenster mit klarem Nutzenversprechen und deutlichem Call to Action lässt keine Frage offen.

3.2
Schreiben Sie nutzenorientiert

In den vorangegangenen Kapiteln war viel vom Nutzen die Rede. Was genau ist der Nutzen? Dazu ein Beispiel. Als Student war Norbert Nutzwert immer knapp bei Kasse. Irgendwann bezog er seine erste eigene Bude. Er brauchte Hausrat, darunter auch einen Staubsauger. Auf dem Spermüll fand er ein gut erhaltenes Gerät. Ein erster Test, und wirklich, der Staubsauger funktionierte. Prima.

Norbert hatte ein älteres Modell erwischt. Es handelte sich um einen Sauger aus den 60-er Jahren. Vielleicht kennen Sie diese Modelle noch: Gebläse und Staubbeutel befinden sich direkt am Saugrohr. Das macht den Sauger schwer. Das Rohr ist in seiner Länge außerdem der Durchschnittshausfrau der Wirtschaftswunderzeit angepasst. Für unseren Studenten war es zu kurz. Norbert Nutzwert saugte während seiner gesamten Studienzeit in gebeugter Haltung. Das tat weh.

Einige Jahre darauf war das Studium beendet. Unser frischgebackener Diplomand hatte sein erstes selbst verdientes Geld in der Tasche. Sein nächster Weg führte ihn zu einem Elektrobilligmarkt. Er wollte sich von seinem Saugertrauma befreien. Dort entdeckte er eine ganze Reihe interessant aussehender Staubsauger. Allerdings kosteten sie mehr als unser Jungakademiker erwartet hatte.

Er wendete sich an einen Verkäufer und schilderte ihm seine Situation. Der Verkäufer empfahl: „Nehmen Sie den da, der hat ein langes Rohr." Griff unser Mann zu? Wenig wahrscheinlich. Was ihm der Verkäufer als Argument nannte, ist nicht mehr als eine Produkteigenschaft. Für ein langes Rohr zählt Norbert Nutzwert kein sauer verdientes Geld auf den Tresen. So viel kann ein langes Rohr nicht kosten.

Der Verkäufer legte nach: „Damit können Sie aufrecht saugen". Auch diese Worte verfehlten ihre Wirkung. Aufrecht saugen ist der Vorteil, der sich aus dem langen Rohr ergibt. Noch immer kein Grund, die mühsam erworbenen Scheine auf den Tisch zu blättern. Der Verkäufer kratzte sich am Kopf.

Jetzt erst erkannte er, was das Geld wert ist: „Mit diesem Staubsauger garantiere ich Ihnen schmerzfreie Reinheit!". Jetzt fiel bei unserem Akademiker der Groschen. Er packte den Karton auf seinen Einkaufswagen und rollte direkt zur Kasse damit. „Schmerzfreie Reinheit" ist der Nutzen, der sich aus der Eigenschaft „langes Rohr" und dem daraus resultierenden Vorteil „aufrecht saugen" ergibt.

Beispiel Staubsauger

Eigenschaft	Vorteil	Nutzen
langes Rohr	aufrecht saugen	schmerzfreie Reinheit

Nur der Nutzen ist sein Geld wert. Eigenschaft und Vorteil sind Schritte auf dem Weg zum Nutzen. Da Sie auf Ihrer Website keine Zeit für Spannungsbögen haben, argumentieren Sie immer mit dem Nutzen zuerst. Die Argumentationskette lautet:

1.) Nutzen, 2.) weil Eigenschaft und 3.) deshalb Vorteil

Dieses Prinzip lässt sich auf jedes Produkt und jede Dienstleistung übertragen. Es führt präzise zum Ziel. Hand aufs Herz: Wie oft bewirbt Ihr Unternehmen in seinen gedruckten Unterlagen Vorteile statt Nutzen? Wie oft kommt die Argumentationskette gerade mal bis zur Eigenschaft? In diesen Fällen überlassen Sie es Ihren Lesern, den Nutzen herauszufinden. Das klappt sicher oft. Sicher nicht immer. Und sicher immer seltener.

Abb. 3.2
Leider typisch:
Eigenschaften statt
Nutzen unter
<www.kenwood.de>.
Wahrscheinlich wurde
das Datenblatt eins zu
eins in HTML übertragen. Was ist das Besondere an diesem
Gerät? Welchen Nutzen haben Sie davon?

Übertragen Sie die Nutzenargumentation auf Ihre Produkte und Dienstleistungen. Suchen Sie Alleinstellungsmerkmale unter den Eigenschaften aus. Leiten Sie den Vorteil ab. Entwickeln Sie daraus den Nutzen. Und formulieren Sie dann eine prägnante Nutzenbotschaft. Prüfen Sie drei weitere Beispiele:

Beispiel: Buch über Textgestaltung

Eigenschaft	Vorteil	Nutzen
Tipps und Regeln	überzeugendere Texte	mehr beruflicher Erfolg

Beispiel: Online-Banking

Eigenschaft	Vorteil	Nutzen
Bankgeschäfte rund um die Uhr zu Hause erledigen	Zeit sparen und selbst einteilen	mehr Zeit für Wichtigeres, Freiheit genießen

Beispiel: Autopolitur

Eigenschaft	Vorteil	Nutzen
pflegt und schützt den Lack	Auto glänzt wie neu	Werte erhalten

3.3
Wenden Sie Gliederungsmodelle an

Kennen Sie die Angst vorm leeren Blatt? Sie grassiert bei vielen Menschen. Oft bei solchen, die beruflich schreiben müssen. Menschen wie Sie. Sie wissen, was Sie sagen wollen. Sie wissen, wem Sie es sagen wollen. Sie wissen sogar, wie Sie es sagen wollen. Nur: Wo fangen Sie an? Wo hören Sie auf? Oder Sie sehen einen Text und müssen ihn beurteilen. Es ist alles darin gesagt. Nur: Stimmt der Aufbau? Erreichen die Worte den Leser? Wird der Text wirken?

Es gibt Antworten auf diese Fragen. Übertragbare Raster, an denen Sie sich orientieren können. Sie gelten für alle Texte, die eine Absicht verfolgen. Besonders für Ihre Webtexte. Nutzen Sie solche Gliederungsmodelle und Kurzformeln. Mit der Zeit bekommen Sie Routine. Sie werden die Formeln verinnerlichen. Angst vorm leeren Blatt? Sie werden schon bald darüber lächeln. Drei nützliche Konzepte lesen Sie jetzt.

3.3.1
Profitieren Sie von der AIDA-Formel

Die gute alte AIDA-Formel stammt wie der Staubsauger in unserem Beispiel aus den 60-er Jahren des vorigen Jahrhunderts. Sie wurde von amerikanischen Marketing-Profis entwickelt. Seither ist viel an ihr herum gedoktert worden. In unserem Fall geht es um das Grundprinzip, nicht um die Spielformen. AIDA steht für:

- A wie Attention
- I wie Interest
- D wie Desire
- A wie Action

3.3.1.1
Attention

Attention heißt Aufmerksamkeit. Das große Zauberwort der Werbung gilt auch für Ihren Webauftritt. Es wird immer schwerer, sich Gehör zu verschaffen. Die Werbewirtschaft erobert ständig neue Plattformen. Ob Sie sich auf der Toilette einer Münchener Kneipe erleichtern oder in eine Hannoveraner Straßenbahn einsteigen, Sie werden zur Zielscheibe von immer neuen Kommunikationsideen. Diese Inflation zeigt Folgen. Je mehr Werbebotschaften auf Sie eindringen, desto weniger nehmen Sie wahr. Sie filtern. Ihre Kriterien sind Nutzen, Nutzen und Nutzen.

Was für die reale Welt gilt, gilt doppelt fürs Web. Banner, animierte Gifs und Pop-ups schreien nach Beachtung. Wir klicken sie weg und üben uns darin, unser Ziel nicht aus den Augen zu verlieren. Jeder neue Effekt schafft Aufmerksamkeit. Sofort wird er vielfach kopiert. Er verbraucht sich in kürzester Zeit.

Sie werden sich schwer tun, Aufmerksamkeit über die Form Ihrer Website zu erzielen. Sollte es Ihnen gelingen, müssen Sie schon bald nachlegen. Ein nervtötender Kreislauf, der wenig mit Seriosität zu tun hat. Er erinnert an das Plakat eines Versicherungsvertreters, auf dem in übergroßen Buchstaben das Wort „SEX" stand; darunter, in kleiner Schrift: „Jetzt, da ich Ihre Aufmerksamkeit habe, möchte ich Ihnen die Vorteile meines Versicherungs-Angebots erläutern ...". Dieser Mensch erreicht Aufmerksamkeit. Und verprellt die Erwartungshaltung seiner Leser. Das ist nicht Ihr Ziel. Wie überall gilt auch hier: Die Form ist die Form des Inhalts[3].

Sind Sie von Ihrer Sache überzeugt, müssen Sie nicht brüllen. Im B2B-Umfeld und bei den meisten Endverbraucherzielgruppen erzielen Sie Aufmerksamkeit durch Ruhe, Klarheit und Bestimmtheit. Wenn Sie diese Attribute in Text und Gestaltung umsetzen, heben Sie sich angenehm vom Gros der Webseiten ab. Ihre User sehen auf den ersten Blick, dass sie es mit einem seriösen Angebot zu tun haben. Diese positive Aufmerksamkeit lenken Sie mit Ihrer Blickführung direkt auf Ihre Nutzenbotschaft.

Anderes gilt dort, wo die Zielgruppe Lautstärke von Ihnen erwartet. Jugendliche, Fun-orientierte Endverbraucher wollen mitge-

---

[3] Vagabundierendes Zitat.

rissen werden. Sie wollen Markenbotschaften auf Ihre Sicht der Welt übertragen können. Sie wollen sich von Stimmungen und Leitbildern inspirieren lassen. Das ist ihre Nutzenbotschaft.

Definieren Sie präzise, wen Sie ansprechen. Machen Sie sich ein möglichst klares Bild von dem Norbert Nutzwert, den Sie erreichen wollen. Und von seiner Frau Tina. Und von seinen Kindern Tobias und Sandra. Wie alt sind sie? Wieviel verdienen sie? Wo wohnen sie? Welche Werte bestimmen ihre Handlungen und Entscheidungen? Wann sind sie im Internet und wozu? Mit dieser konkreten Vorstellung vor Augen finden Sie sehr schnell heraus, wie Sie die Aufmerksamkeit Ihrer Zielgruppen gewinnen.

3.3.1.2
Interest

Interest steht für Interesse. Interessiert sind wir an allem, was eine Relevanz zu unserem Leben hat. Das gilt auch für Ihre User. Hat Ihre Nutzenbotschaft Relevanz für Ihre Zielgruppen? Selbstverständlich. Wenn nicht, arbeiten Sie daran. Stellen Sie diejenigen Aspekte in den Vordergrund, die Ihre Zielgruppe bewegen. Ein automatischer Garagentoröffner mag für die meisten männlichen Zielgruppen vor allem Bequemlichkeit bedeuten. Nicht wenige Frauen dagegen würden die zusätzliche Sicherheit in den Vordergrund stellen. Was ist der wichtigste Nutzen Ihres Produktes für Ihre Zielgruppen? Priorisieren Sie mit Hilfe Ihrer Ziele für den Webauftritt.

3.3.1.3
Desire

Desire ist der Wunsch. Er entsteht, wenn Sie den Nutzen Ihres Angebots in die Vorstellungswelt Ihrer User übertragen haben. Das erreichen Sie mit persönlicher Ansprache, mit Zitaten, mit Bildern, mit Metaphern, mit Beispielen und mit anschaulichen Vergleichen. Je besser Sie sich in die Welt Ihrer Zielgruppen einfühlen, desto erfolgreicher werden Sie den Wunsch nach Ihrem Angebot vermitteln können. Je mehr Sie über Ihre Zielgruppe wissen, desto besser wird Ihnen das gelingen.

Das gilt für jede Art von Kommunikation, nicht nur für Konsumwerbung. Ob Sie einen Liebesbrief schreiben oder Spenden für eine gemeinnützige Organisation sammeln, das Prinzip bleibt dasselbe. Behalten Sie eines im Auge: Sie überzeugen nur dann, wenn Sie selbst an Ihre Sache glauben. Reine Rhetoriker blenden kurzfristig. Mehr nicht. Sie wollen mehr. Sie wollen Erfolg. Für sich. Für Ihr Unternehmen. Für Ihr herausragendes Produkt oder Ihre überdurchschnittliche Dienstleistung. Sollte das nicht so sein, überdenken Sie Ihre Ziele.

3.3.1.4
Action

Auf die Action kommt es Ihnen an. Sie wollen bewegen mit Ihren Texten. Überlegen Sie sich, welche konkrete Interaktion Sie mit welchem Text herbeiführen wollen. Ist es ein Mausklick? Dann sagen Sie es klar und deutlich. Ist es eine Online-Bestellung? Führen Sie Ihren User unmissverständlich hin. Soll jemand ein Formular ausfüllen? Nehmen Sie Ihren Leser bei der Hand. Freundlich, bestimmt und ohne eine Frage offen zu lassen.

Viele gute Webseiten scheitern ausgerechnet an diesem wichtigsten Punkt. Trauen Sie sich nicht, deutlich zu werden? Überlegen Sie sich, ob Ihr Angebot Ihrer Zielgruppe einen konkreten Nutzen bringt. Lautet die Antwort ja, dann dürfen Sie sich trauen. Ihre User werden es Ihnen danken.

Sind Sie sich nicht sicher, dann gehen Sie in sich. Prüfen Sie Ihr Angebot. Ändern Sie es im Zweifel zum Nutzen der Anwender. Gibt es unüberwindbare Hinderungsgründe, wird Sie der Markt abstrafen. Suchen Sie nach neuen Rahmenbedingungen. Und flüchten Sie sich keinesfalls in Scheinvorteile oder Halbwahrheiten. Ihre Leser sind die pfiffigsten Leser, die Sie sich vorstellen können. Früher oder später merken Sie alles. Ihr Vertrauen ist schwer zu gewinnen. Und so leicht zu verlieren. Verschenken Sie dieses Kapital nicht. Es ist zu wertvoll.

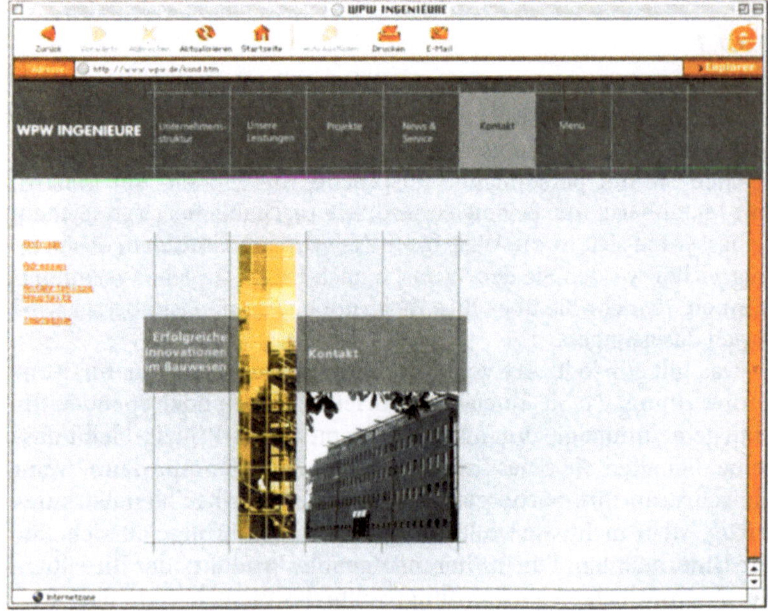

Abb. 3.3
Nüchtern: Die Kontakt-Seite von <http://www.wpw.de/ kond.htm> sieht immerhin eine „Anfrage" vor – fühlen Sie sich motiviert? Mehr Wirkung erzielen Sie, wenn Sie Ihre User aktiv auffordern: „Fragen Sie uns jetzt – wir antworten Ihnen innerhalb von 24 Stunden!"

3.3.2
KISS für Ihre Texte

Auch KISS steht für eine amerikanische Texterregel. Ausgesprochen heißt KISS: Keep It Short and Simple. Dahinter steht der Wunsch nach Prägnanz und einfacher Sprache. Das Bedürfnis ist kulturübergreifend. Der deutsche Volksmund weiß: „In der Kürze liegt die Würze". Komplexe Sprache schränkt Ihre Zielgruppe ein. Sie erreichen weniger Menschen gezielter. Das wird in den seltensten Fällen Ihre Absicht sein; zum Beispiel bei einer wissenschaftlichen Site für Ärzte.

Wenn Sie im Internet für ein breiteres Publikum schreiben, verwenden Sie geläufige Schlüsselbegriffe. Wörter wie „Jahrhundertflut", „New Economy" und „Fußball-WM" tragen ganze Bedeutungs- und Gefühlswelten mit sich, die Ihre Leser bereits gelernt haben. Sie sorgen für Wiedererkennung, besitzen ein großes Maß an Relevanz und müssen nicht mehr erklärt werden. Ihr Text stellt einen Bezug zu den neuesten Ereignissen her. Doch Vorsicht: Gängige Begriffe und Schlagworte ändern sich zügig. Mit Staubfängern wie „Multimedia" oder „Aktienfieber" outen Sie sich als ewig Gestriger. Wer gar immer noch von „EDV" statt von „IT" spricht, kann sich im technischen Umfeld nicht glaubwürdig positionieren.

Benutzen Sie möglichst wenig Fachausdrücke. Übersetzen Sie Fremdwörter ins Deutsche. Bilden Sie einfache Hauptsätze. Drücken Sie keine Nebengedanken aus – schon gar nicht in Klammern. Was nebenbei gesagt sein soll, interessiert nicht auf Ihrer Website. Ist der Nebengedanke wichtig genug, widmen Sie ihm einen eigenen Satz. Stellen Sie viele gleichwertige Gedanken als Aufzählung dar. Sind es mehr als fünf Gedanken, unterteilen Sie Ihre Aufzählung mit aussagekräftigen Zwischenüberschriften. Das macht Ihre Botschaft übersichtlich. Und wirkungsvoll.

Nehmen wir dieses Kapitel als Beispiel. Im Web stellen Sie den Text so dar:

KISS – Keep It Short and Simple

Schreiben Sie <u>wirkungsvolle</u> Webtexte für <u>alle Leser</u>:

Wortwahl
• verwenden Sie aktuelle <u>Schlüsselbegriffe</u>
• vermeiden Sie Fachausdrücke
• übersetzen Sie Fremdwörter ins Deutsche

Satzbau
• bilden Sie einfache Sätze
• widmen Sie jedem Gedanken einen eigenen Satz
• lassen Sie Nebengedanken weg

Darstellung
• stellen Sie gleichwertige Gedanken als Aufzählung dar
• unterteilen Sie mehr als fünf Punkte mit Zwischenüberschriften

Die unterstrichenen Begriffe sind Hyperlinks. Der Link von „wirkungsvoll" führt zu „Legen Sie Ihre Ziele fest". „Alle Leser" bringt Sie zu „Beschreiben Sie Ihre Zielgruppen". Klicken Sie auf „Schlüsselbegriffe", kommen Sie auf folgende Unterseite:

Schlüsselbegriffe

Stellen Sie einen Bezug zu den neuesten Ereignissen her:

Aktuelle Schlüsselbegriffe
• sorgen für Wiedererkennung
• haben Bezug zum Leser
• müssen nicht erklärt werden

Beispiele:
• „Jahrhundertflut"
• „New Economy"
• „Fußball-WM"

Klicken Sie jetzt auf den Link „Aktuelle", erhalten Sie diesen Text:

Schlagworte ändern sich schnell!

Vermeiden Sie veraltete Schlüsselbegriffe

Beispiele:
• „EDV" heißt heute „IT"
• „Multimedia" wird heute genauer bezeichnet: „Neue Medien",
  „CD-ROM"
• „Aktienfieber" war eine Erscheinung Ende der Neunziger Jahre

Im Buch blättern Sie nach Belieben zurück. Die Gliederung des Textes ist für Sie begreifbar im wörtlichen Sinne. Sie bestimmen die Lesesituation. Vielleicht liegen Sie gerade entspannt auf Ihrem Sofa. Ihre Leselampe ist an. Das Buch hat den idealen Abstand zu

Ihren Augen. Sie genießen die Spannung, die sich von Kapitel zu Kapitel und innerhalb der Textabschnitte aufbaut und einlöst. Sie schmunzeln über den einen oder anderen Begriff. Beispiele erkennen Sie aus Ihrem Alltag wieder. Wiederholungen helfen Ihnen, die Bedeutung der Aussagen für sich zu gewichten. Und sie stärken Ihre Erinnerung.

All das ist wertvoll. Es führt zu Ihrer Identifikation mit dem Text. Im Web schaffen Sie Identifikation ausschließlich über den Nutzwert Ihrer Aussagen. Beispiele und Erläuterungen stehen bei Bedarf als verlinkte Unterseiten zur Verfügung. Ihre Botschaft ist übersichtlich, einfach und auf den Punkt gebracht. Zwingen Sie Ihren Leser nicht, Ihrem Textaufbau zu folgen. Lassen Sie ihn springen. Bieten Sie ihm die Sprungmarken. Witziges, Erzählerisches, Pointiertes, Hintergründiges und Wortspiele behalten Sie sich für Offline-Textgattungen vor. Zum Beispiel für einen gedruckten Newsletter, den sich Ihr Leser mittags mit in die Kantine nimmt. Dort hat er Zeit und Muße. Nicht vor seinem Rechner. Am Bildschirm erwartet er von Ihnen KISS.

3.3.3
Sind Ihre Botschaften NNA?

Aus dem Journalismus stammt die Formel NNA. Sie kürzt die Schlagworte „Neu, nützlich und aktuell" ab. Alles, was neu, nützlich und aktuell ist, sollte dem Redakteur eine Schlagzeile wert sein. Ihnen auch. Übertragen Sie NNA auf Ihre Website.

3.3.3.1
Neu

Neu ist alles, was es vorher noch nicht gab. Die Website mit Geruchsübertragung ist neu. Support per Internet ist es nicht. Vielleicht für die Krauterbach AG. Hilde Meier hält den Ball in diesem Fall besser flach. Die Krauterbach AG ist spät dran.

Es ist gar nicht so einfach, immer Neues im Unternehmen aufzutreiben. Das ist die große Herausforderung für Ihren Pressesprecher. Als Content Manager für Ihre Website sollten Sie nicht nur einen guten Draht zu ihm haben. Es ist hilfreich, mit offenen Augen und Ohren durch Ihr Unternehmen zu gehen. Sprechen Sie mit Ihren Entwicklern, mit dem Vertrieb und unbedingt mit der Geschäftsleitung. Sind Sie nicht kommerziell tätig, definieren Sie die Wissensträger in Ihrer Organisation. Sprechen Sie sich mit ihnen ab und prüfen Sie regelmäßig, was es Neues mit Nutzen für Ihre Zielgruppen gibt.

Über den Nutzen Ihrer Aussagen haben Sie sich bereits viele Gedanken gemacht. Behalten Sie immer im Auge, dass vom Nutzen für Ihre Leser die Rede ist. Was Ihrem Unternehmen oder Ihrer Organisation dient, steht im Hintergrund.

Welchen Nutzen hat beispielsweise eine Spendenaufforderung für die Zielgruppe einer karitativen Organisation? Die Spende befriedigt das Bedürfnis nach Fürsorge und Opferbereitschaft. Der Aufruf zur Spende verhilft dem Spender zu dieser Befriedigung. Er ist nützlich, wenn er die Gefühle des Lesers ausspricht und bestätigt: Dein Bedürfnis nach Fürsorge ist richtig. Es geht dir, uns und vielen anderen Menschen so. Deshalb helfen wir. Hilf auch du. Unterstütze uns mit deiner Spende.

Die Organisation selbst profitiert ebenfalls von der Spende. Ein Teil des Betrags finanziert zum Beispiel den Webauftritt, der zu Spenden aufruft. Das steht nicht im Vordergrund. Und es darf kein Geheimnis sein. Sucht der Spender auf der Site nach näheren Informationen, sollte er nach wenigen Klicks fündig werden. Im Idealfall wird er darüber informiert, wie viel von seinem Spendenbetrag bei den Bedürftigen ankommt. Das schafft Vertrauen.

3.3.3.3
Aktuell

Neu und aktuell sind zwei Paar Schuhe. Neu ist das, was es vorher nicht gab. Aktuell ist das, wovon Ihre Zielgruppe gerade spricht. Aktuell sind zum Beispiel Frisuren der Siebziger Jahre. Neu sind sie sicher nicht. Journalisten sprechen davon, ein Thema zu „aktualisieren". Sie suchen nach einem Aufhänger, der einen geplanten Text- oder Bildbeitrag in Relation zum Zeitgeschehen setzt – sprich: zu ihren Zielgruppen.

Sollte die Krauterbach AG ihr Webteam vergrößern, heißt der aktuelle Aufhänger zu Beginn des 21. Jahrhunderts: Krauterbach schafft Arbeitsplätze". Und nicht etwa: „Krauterbach setzt auf Neue Medien". Das wäre fünfzehn Jahre früher eine Zeile wert gewesen.

Abb. 3.4
*Schwache Seite:
<www.womenweb.de>
präsentiert klassische
Sommerloch-Themen.
Nicht neu, nicht aktuell.
Wem nutzt's?*

3.3.3.4
Die Mischung macht's

Selten werden Sie alle drei Aspekte in gleicher Gewichtung zusammen bekommen. Behalten Sie NNA als Eselsbrücke im Kopf, wenn Sie eine neue Unterseite erstellen. Beantworten Sie sich die Fragen:

- Was ist daran neu?
- Was ist daran nützlich?
- Was ist daran aktuell?

Wenn Sie auf keine der drei Fragen eine befriedigende Antwort finden, lassen Sie die Seite einfach weg. Je mehr gute Gründe Sie finden, desto auffälliger sollten Sie das neue Thema präsentieren.

3.4
Der passende Stil für Ihre Site

Stil ist Geschmackssache. Einerseits. Andererseits sollten Sie sich darüber klar werden, was Sie mit Ihren Worten bei Ihren Lesern erreichen. Norbert Nutzwert ist Mitarbeiter eines Auktionshauses. Im Internet informiert er sich über neue technische Möglichkeiten. Er will das Auktionshaus auf die Zukunft vorbereiten, neue Zielgruppen erschließen und die Betriebskosten reduzieren. Seine Recherche führt ihn zu einer Seite folgendem Text:

Die Implementierung moderner ‚Auktionssysteme im Web' erfolgt heute ohne besonderen Aufwand. Der einzelne Versteigerungsvorgang erfährt durch solche Systeme eine starke Beschleunigung.

Wie wirken diese beiden Sätze auf Norbert Nutzwert? In verschiedenen Versuchsreihen[4] empfanden 65 Internet-Nutzer den Textausschnitt spontan als:

abstoßend (1), abstrakt (2), anstrengend (3), aufgebläht (4), gestelzt (5), holperig (6), hölzern (7), inhaltsleer (8), juristisch (9), kompliziert (10), langweilig (11), leidenschaftslos (12), technisch (13), ungenau (14), uninteressant (15), nicht rund (16), nicht überzeugend (17), nüchtern (18), passiv (19), schwer verständlich (20), steif (21), trocken (22), umständlich (23), undurchschaubar (24), ungeschickt formuliert (25), unpersönlich (26), unspezifisch (27), verkompliziert (28), verwirrend (29), wischiwaschi (30), wissenschaftlich (31), ziellos (32), zusammenhanglos (33).

Ob es Norbert Nutzwert mit dem Text ähnlich geht? Die Wahrscheinlichkeit ist groß. Die genannten Eigenschaften laufen auf das Gefühl der Distanz hinaus: Wir fühlen uns dem Autor eher entfernt als verbunden. Was er zu sagen hat, wirkt seltsam verschleiert. Alle befragten Personen gaben an, dass die Beispielzeilen typisch sind. Auch fürs Internet. Das sollte uns zu denken geben.

Wie alle Beispiele haben auch diese beiden Textzeilen einen Haken. Wir erfahren den Zusammenhang nicht. Was kommt vorher? Was wird nachher gesagt? Das Gefühl der Distanz lässt sich unabhängig vom Zusammenhang formal und inhaltlich belegen. Wir lernen daraus, wie wir es besser machen.

3.4.1
Schreiben Sie aktiv

Wer aktiv schreibt, reißt seine Leser mit. Das ist Ihr Ziel. Aktiv schreiben ist leichter als viele denken. Unsere Beispielsätze klingen wenig aktiv. Oder fühlen Sie sich mitgerissen? Lassen Sie uns gemeinsam herausfinden, woran das liegt.

---

[4] Die Befragungen führte der Autor im Rahmen seiner Seminartätigkeit von August 2000 bis Juli 2002 durch. Befragt wurden berufstätige Männer und Frauen im Alter von 20 bis 63 Jahren in Gruppen bis maximal 15 Personen.

Was fällt Ihnen an den Beispielsätzen am meisten auf? Vielleicht sind es die Wörter mit der Silbe „-ung":

Implementierung, Versteigerungsvorgang, Beschleunigung

Alle drei Wörter sind Hauptwörter, auch Nomen oder Substantive genannt. Sie waren Tätigkeitswörter, die der Autor mit Hilfe der Silbe „-ung" substantiviert hat. Auf deutsch: Er hat die Tätigkeitswörter in Hauptwörter umgewandelt. Die ursprünglichen Tätigkeitswörter lauten

implementieren, versteigern, beschleunigen

Tätigkeitswörter sind wichtiger als Hauptwörter. Sie tragen mehr Bedeutung. Sie sagen uns

- was getan wird: versteigern

- wer etwas tut: versteigere (ich), versteigerst (du), versteigert (er, sie oder es), versteigern (Sie, sie oder wir), versteigert (ihr)

- wann etwas getan wird: versteigerte (Vergangenheit), werden versteigern (Zukunft), hatte versteigert (Vorvergangenheit)

Hauptwörter sagen uns nur

- von wem die Rede ist: die Versteigerung

- und manchmal, ob vom Handelnden oder vom Behandelten die Rede ist: der Versteigerung (Genitiv: die Versteigerung handelt hier nicht selbst. Beispiel: „Der Erlös der Versteigerung geht an Bedürftige". „Der Erlös" handelt.)

Warum hat der Autor starke Tätigkeitswörter in schwache Hauptwörter verwandelt? Vielleicht spielt die Silbe „-ung" eine Rolle. Wir kennen sie aus dem Juristendeutsch. Dort macht sie Sinn. Jeder juristische Begriff ist aufwändig definiert. Juristen beziehen sich auf zentrale Begriffe, Nomen, und müssen nicht jedesmal die Definition mitliefern. Sie schreiben im so genannten Nominalstil. Andere Juristen sind schnell im Bilde. Statt um Definitionen streiten sich die Experten um Inhalte. Die Silbe „-ung" ist ein Indiz für Nominalstil.

Höherstehende Beamte sind oft Juristen. Ausführende Beamte kopieren gerne den Nominalstil ihrer Vorgesetzten. Das vermittelt Autorität. Bürger kopieren die Sprache der Beamten, wenn sie sich und ihrem Anliegen Gehör verschaffen wollen. Wie sonst ist der Hinweis auf einem Kölner Grünstreifen zu erklären: „Die Betretung des Rasens ist verboten"? Das Hauptwort „das Betreten" war dem Autor scheinbar nicht autoritär genug. Er hängte zur Sicherheit die Silbe „-ung" an. So klingt's offizieller.

Im Internet hat der Nominalstil nichts zu suchen. Sie brauchen für Ihre Sätze keine juristische Absicherung, so lange Sie sich nicht an Juristen wenden. Die Silbe „-ung" sollte Ihnen einen Stich versetzen, wann immer Sie sie vor Augen bekommen. Steht irgendwo „-ung", hat sehr wahrscheinlich jemand ein Tätigkeitswort zum Hauptwort gemacht. Werten Sie Ihre Sätze auf. Schreiben Sie statt „Die Nutzung dieses Dienstes erfolgt ohne Erhebung von Gebühren!" lieber „GRATIS: Profitieren Sie von unserem Service!"

Ausgenommen sind Webseiten für Juristen. Und auch nur dort, wo Gesetzestexte und Gerichtsentscheidungen im Originalton wiedergegeben sind. Die Einleitungstexte dürfen schneller kommunizieren.

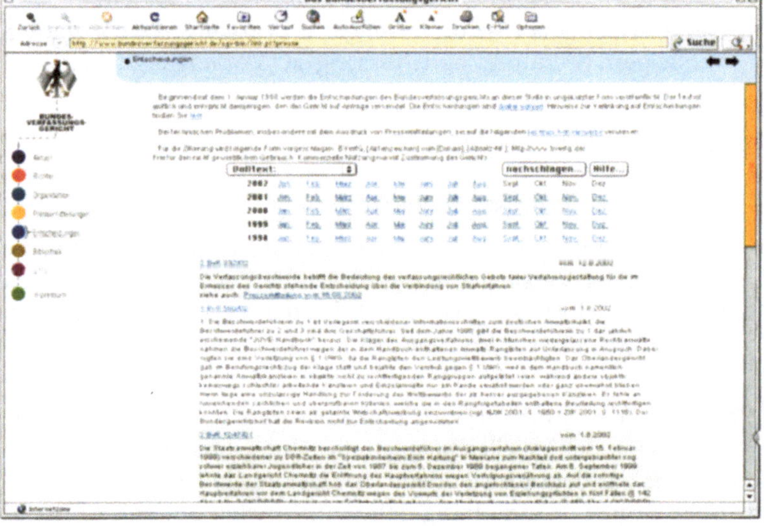

Abb. 3.5
Juristendeutsch: „Der Text ist amtlich...", heißt es auf der Website des Bundesverfassungsgerichts <www.bundesverfassungsgericht.de>. Das ist leicht zu erkennen. Ein Service von Juristen für Juristen – in der Sprache der Juristen.

3.4.1.2
Wählen Sie aktive Tätigkeitswörter

Es gibt noch einen weiteren möglichen Grund, warum der Autor unserer Beispielsätze die Tätigkeitswörter „implementieren", „versteigern" und „beschleunigen" zu Hauptwörtern verringert. Die

Tätigkeitswörter sind aktiv: Sie verlangen nach einem Urheber. Wer implementiert? Wer versteigert? Wer beschleunigt?

Norbert Nutzwert erfährt nicht, wer die Auktionssysteme im Web implementiert. Die fehlenden Tätigkeitswörter hat der Autor durch passive Tätigkeitswörter ersetzt. „Die Implementierung ... erfolgt" wie von Geisterhand. Solche Formulierungen erzeugen keine Bilder. Sie wirken saft- und kraftlos. Norbert nimmt das nicht bewusst wahr. Zu viel Respekt haben ihm die „-ungs" und der pseudo-juristische Nominalstil abverlangt. Zurück bleibt ein vages Gefühl von Unverständnis. Er empfindet die Zeilen als *inhaltsleer (8)*, *ungenau (14)* und *unpersönlich (26)*. Sie kommen ihm *juristisch (9)* und *kompliziert (10)* vor. Kein Zweifel: Dieser Text wird Norbert nicht bewegen.

Tätigkeitswörter wie „erfolgt" und „erfährt" sind passive Verben. In Sätzen mit passiven Verben wird einer Person oder einer Sache etwas angetan, ohne dass ein Handelnder genannt wird. Eine Implementierung erfolgt, ein Vorgang erfährt – einfach so. Im zweiten Satz hängt der Autor den mühevoll verborgenen Täter wieder an: „... durch solche Systeme ...". Das klingt *umständlich (23)*, und wir erfahren nichts Neues.

Warum verschweigt der Autor, wer die Auktionssysteme implementiert? Vielleicht weiß er es selber nicht. Oder es scheint ihm zu kompliziert zu erklären. Er hält es vielleicht nicht für wichtig. In jedem Fall bleibt die Frage offen. Und das ist nicht gut. Der Leser fühlt sich schlecht informiert. Der Text wirkt auf ihn *steif (21)*, *trocken (22)*, *leidenschaftslos (12)*, *nüchtern (18)* und *passiv (19)*.

Besser sind aktive Sätze mit aktiven Tätigkeitswörtern. „Software-Programmierer implementieren ..." oder „Sie als IT-Spezialist implementieren ...". Wer aktive Sätze formuliert, merkt schnell, ob ihm für eine gehaltvolle Aussage noch Wissen fehlt. Wo's fehlt, müssen Sie recherchieren. Das ist gut investierte Zeit. Sie schaffen damit Vertrauen beim Leser. Was Sie nicht sagen wollen, lassen Sie weg. Und zwar so, dass keine Frage zurück bleibt.

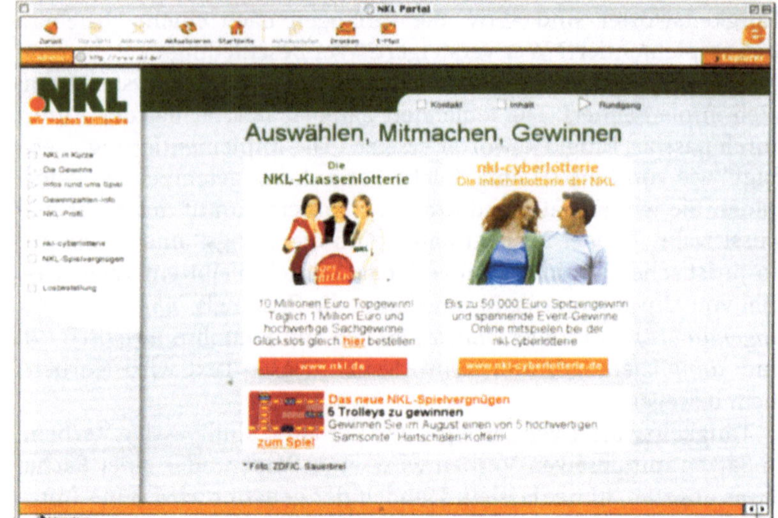

Abb. 3.6
Werben mit Verben:
<www.nkl.de> weckt
die Lust auf das große
Geld. Tätigkeitswörter
und Nutzenaussagen
dominieren die Seite.
Erstaunlich zurückhal-
tend sind die Texter
mit persönlicher
Ansprache.

3.4.1.3
Vermeiden Sie Passivkonstruktionen

Passivkonstruktionen verbieten sich von selbst, wenn Sie Menschen bewegen wollen. Sie erkennen das Vorgangspassiv am Hilfsverb „werden", zum Beispiel: „Der Stuhl wird bemalt", und das Zustandspassiv am Hilfsverb sein: „der Stuhl ist bemalt". Solche Konstruktionen unterschlagen den Handelnden auch dann, wenn das Verb aktiv ist. Dem Leser fehlt bei diesen Sätzen immer eine wichtige Information.

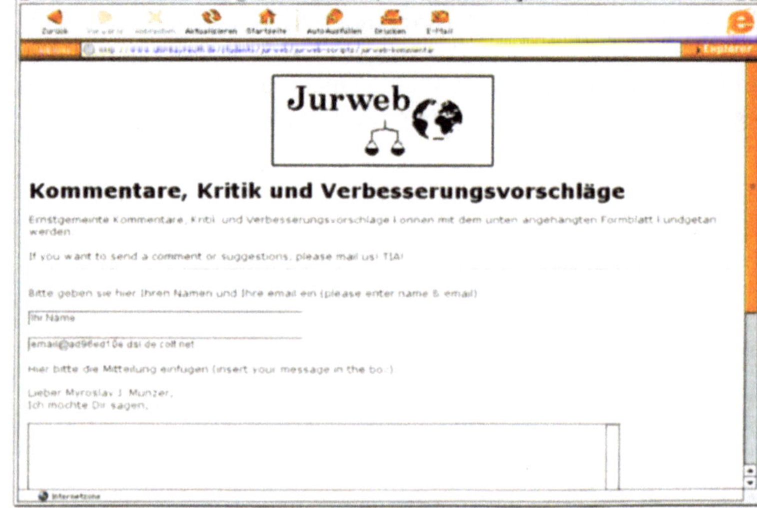

Abb. 3.7
Vertragen passiv Kritik:
Die Juristen der Uni
Bayreuth unter
<http://www.uni-
bayreuth.de/students/
jurweb/jurweb-scripts/
jurwebkommentar>
lassen ihre User
„kundtun".

Die Jurastudenten der Uni Bayreuth verwenden auf ihrem Kontaktformular gleich zwei Arten von passiver Konstruktion. Mit einem passiven Einstiegssatz fordern sie zur aktiven Handlung auf: „Ernstgemeinte Kommentare, Kritik und Verbesserungsvorschläge können mit dem unten angehängten Formblatt kundgetan werden". Weiter unten demonstrieren die Autoren eine weniger auffällige Passivvariante: „Hier bitte die Mitteilung einfügen". Da sie das aktive Tätigkeitswort „einfügen" in seiner Grundform verwenden, müssen sie die handelnde Person nicht mehr nennen. Fühlen Sie sich angesprochen?

3.4.1.4
Anführungszeichen nur bei wörtlicher Rede

Sind Ihnen die Anführungszeichen bei „Auktionssysteme im Web" aufgefallen? Vielleicht will der Autor den Begriff damit hervorheben. Besser geeignet wären fette Buchstaben. Die Anführungszeichen vermitteln das Gefühl, der Autor wolle sich von diesem Begriff distanzieren. Mit Anführungszeichen wirkt der Begriff *nicht überzeugend (17)*, *undurchschaubar (24)* und *wischiwaschi (30)*.

Anführungszeichen grenzen wörtliche Rede vom Fließtext ab. Kommentare und Meinungen stehen in Anführungszeichen. Der Autor macht Subjektives mit den Gänsefüßchen kenntlich. Wer dagegen mit Gänsefüßchen hervorheben will, erzeugt das Gefühl von Unverbindlichkeit – er zitiert schließlich nur.

Andere Autoren zeigen mit Anführungszeichen, dass ein Begriff nicht ganz wörtlich zu nehmen ist: „Die Kinder 'schlappten' ge-

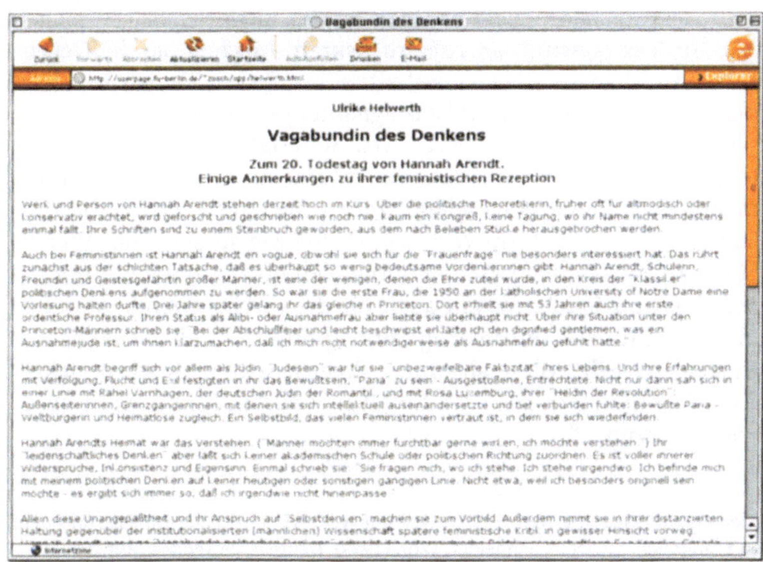

Abb. 3.8
Bleiwüste
mit Gänsefüßchen:
<http://userpage.fu-berlin.de/~zosch/ops/helwerth.html>.
Wie steht die Autorin zur „Frauenfrage" und zu den „Klassikern politischen Denkens"? Es bleibt unklar.

mächlich nach Hause." Der Leser rätselt, was gemeint sein könnte. Die Aussage ist unklar: Schlenderten, schlurften oder trödelten die Kinder? Oder gingen sie einfach nur etwas langsamer als sonst? Der Leser im Web hat für Ungenauigkeiten keine Zeit. Er will präzise Informationen.

Wenn Sie Anführungszeichen verwenden, machen Sie's richtig. Im Deutschen stehen die Anführungszeichen zu Beginn des Zitats unten und nach dem Zitat oben. Und es sind immer zwei Striche. Die einfachen Gänsefüßchen sind für Zitate im Zitat vorbehalten. Beispiel: „Meine Chefin sagt immer ‚Rudi, du bist doch der Beste'!"

3.4.1.5
Sparen Sie sich Eigenschaftswörter

Haben Sie sich gefragt, was „moderne" Auktionssysteme im Web sind? Zu Beginn des 21. Jahrhunderts ist sicher jedes System im Web ein modernes System. Wozu dann dieses Eigenschaftswort? Was ist „besonderer" Aufwand? Was unterscheidet einen „einzelnen" Versteigerungsvorgang von einem „Versteigerungsvorgang"? Jedes dieser Eigenschaftswörter soll eine schwache Botschaft verstärken. Doch Eigenschaftswörter machen eine schwache Botschaft nicht stärker, sondern komplexer. Sie sorgen dafür, dass der Text *aufgebläht (4)*, *ungeschickt formuliert (25)* und *verwirrend (29)* erscheint.

Georges Clemenceau, Zeitungsverleger und später Ministerpräsident von Frankreich, sagte: „Bevor Sie ein Eigenschaftswort hinschreiben, kommen Sie zu mir in den dritten Stock und fragen, ob es nötig ist."[5] Tun Sie genau das. Bildlich gesprochen, versteht sich. Fragen Sie sich bei jedem Eigenschaftswort, ob es Ihre Aussage um einen wesentlichen Aspekt ergänzt. Ist das nicht der Fall, streichen Sie's. Ihr Text gewinnt an Ausdruckskraft. Machen Sie die Gegenprobe: Streichen Sie alle Eigenschaftswörter. Lesen Sie den Text jetzt noch einmal durch. Ihr Text ist prägnanter geworden.

Tabu sind Superlative jeder Art. Superlative sind die höchste Steigerungsform von Eigenschaftswörtern: am besten, am größten, am weitesten. Superlative glaubt ihnen niemand. Die Werbesprache hat sie abgenutzt. Im Web wirken Sie wie sprachlicher Weichspüler. Sie kosten den Leser wertvolle Zeit und setzen den Vertrauensbonus aufs Spiel. Das gilt auch für die verborgenen Superlative „ideal", „optimal", „einzigartig" und „perfekt". Manche Webautoren steigern selbst diese absoluten Eigenschaften: „Noch perfekter ist die Kombination aus ..." oder „Am idealsten funktioniert unser Produkt, wenn ...".

---

[5] Clemenceau, Georges; 1841bis 1929. Zeitungsverleger und später Ministerpräsident von Frankreich. Zitiert in: Schneider, Wolf (1999): *Deutsch für Kenner*. München

Abb. 3.9
Sprachlicher Weichspüler: „optimalste Stoffqualitäten" – Fahnen-Gärtner steigert unter <www.fahnengaertner.com/produkte/stoffqualitaet.html> den Superlativ zum Megalativ.

3.4.1.6
Schreiben Sie so genau wie möglich

Haben Sie eine Ahnung davon, wie viel Aufwand die Implementierung eines Auktionssystems im Web bedeutet? Wahrscheinlich wissen Sie das ebenso wenig wie Norbert Nutzwert. Er erfährt aus unseren Beispielsätzen, dass kein besonderer Aufwand dazu nötig ist. Um diese Aussage zu verstehen, bräuchte er eine Vorstellung vom normalen Aufwand. Die hat er nicht.

Norbert Nutzwert ist kein Software-Programmierer. Er arbeitet in einem Auktionshaus. Eine präzise Angabe in Manntagen hätte ihm weitergeholfen. Die kann er sich über Tagessätze in einen Eurobetrag umrechnen. Ob er den Aufwand als groß oder klein empfindet, kann er dann selbst entscheiden. Ohne diese Angabe empfindet er den Text als *unspezifisch (27)*, *uninteressant (15)* und *ziellos (32)*.

Dasselbe gilt für die „starke Beschleunigung". Wie stark ist sie? 19 Prozent? 122 Prozent? Beschleunigung auf das Zweieinhalbfache? Aus dem Text geht es nicht hervor. Wie sinnvoll ist dann die Aussage selbst? Sie stellt Norbert Nutzwert vor Fragen statt ihm Antworten zu geben.

Geben Sie Ihren Lesern präzise Werte an die Hand. Gemessene Daten, Prozente und Vergleichswerte sind nachvollziehbar. Sie schaffen auch dann Vertrauen, wenn niemand sie kontrolliert. Selbst Ihre Einschätzungen und Prognosen lassen sich exakt beschreiben. Markieren Sie genau, wo Sie gesichertes Zahlenmaterial verlassen und Ihre persönliche Sicht beginnt. Trauen Sie sich. Sie gewinnen die Gunst Ihrer Leser; gerade im Web, wo wir so wenig nachprüfen können und so viel glauben müssen.

3.4.1.7
Verneinungen verwirren

„Ohne besonderen Aufwand" heißt – positiv ausgedrückt – mit normalem Aufwand. Die Implementierung erfolgt also mit normalem Aufwand. Das ist eine Null-Aussage. Sie hatte sich durch eine Verneinung als Botschaft getarnt und Norbert Nutzwert verwirrt. Er empfindet sie als *abstrakt (2)*, *schwer verständlich (20)* und *verkompliziert (28)*. Recht hat er! Schreiben Sie positiv im Web. Negatives filtern Ihre Leser gerne weg. Sie empfinden es als unangenehm. Mehr dazu im Kapitel: Positiv denken, positiv schreiben.

3.4.1.8
Zerlegen Sie Wortungetüme

Sind Sie über den „Versteigerungsvorgang" gestolpert? Dann haben Sie ein Wortungetüm entlarvt. Beschleunigt das Auktionssystem jeden Versteigerungsvorgang, beschleunigt es die Versteigerung. Sprich: Mehr Umsatz in kürzerer Zeit. Das will Norbert Nutzwert wissen. Der „einzelne Versteigerungsvorgang" interessiert ihn nicht.

Warum schreibt der Autor vom Versteigerungsvorgang? Will er präzise sein? Diese Präzision macht wenig Sinn. Sie bringt keinen Nutzen für den Leser. Oder versteckt er mangelnde Kenntnisse hinter seinem Wortungetüm? Wir wissen es nicht. Beim Lesen solcher Ungetüme entsteht das Gefühl, der Text sei *anstrengend (3)*, *gestelzt (5)*, *holperig (6)* und *hölzern (7)*.

„Komplizierte Begriffe verwenden heißt, das Denken den Worten überlassen." Der Mathematiker und Wirtschaftswissenschaftler Helmar Nahr[6] hat Recht. Wie oft hören wir „Wir befinden uns mitten im Planungsprozess" statt einfach „Wir planen gerade". Der erste Ausdruck klingt aufwändig. Er bläht eine einfache Sache zur Seifenblase auf: In unserer bildlichen Vorstellung erledigen viele wichtige Menschen viele wichtige Dinge. Und das, obwohl wir nicht mehr Informationen erhalten als beim zweiten Satz. Der zweite Satz drückt einfach aus, worum es geht. Welcher Aussage vertrauen Sie mehr?

Viele Mitmenschen beneiden uns deutsche Muttersprachler um die Möglichkeit, aus einzelnen Wörtern ganze Wortketten zu bilden. Wir sind sie gewohnt. Schon als Kinder haben wir immer wie-

---

[6] Nahr, Helmar; 1931 bis 1990. Deutscher Mathematiker, Wirtschaftswissenschaftler und Aphorisitker. Zitiert in: Schmidt, Lothar (2001): *Zitatenschatz für Führungskräfte.* Wien/Frankfurt

der gerne den „Donaudampfschifffahrtskapitän" zitiert. Je wichtiger uns eine Sache scheint, desto mehr neigen wir zum Wortgebilde. Oft werden Wörter zusammengesetzt, die nicht mehr Sinn als ein einzelner Begriff ergeben. Das Gefühl von Wichtigkeit haftet ihnen trotzdem an. Solche Wortungetüme gehen täglich unwidersprochen durch.

Hören Sie heute Abend fünf Minuten lang bewusst dem Nachrichtensprecher zu. Er wird Sätze sagen wie: „Das Investitionsvorhaben beläuft sich auf 100.000 Euro." Haben Sie's gemerkt? Geplant ist eine Investition von 100.000 Euro. Und daraus schnitzt die Redaktion ein Wort mit 19 Buchstaben! „Der Umsetzungsprozess soll bis November abgeschlossen sein". Jemand setzt etwas bis November um. Ergebnis der redaktionellen Arbeit: ein Wortungetüm mit immerhin 17 Zeichen. „Zum Forderungskatalog zählt die Ausstattung mit finanziellen Mitteln." Jemand fordert Geld. Wieder ein Wort mit 17 Anschlägen.

Prüfen Sie jedes zusammengesetzte Hauptwort in Ihren Texten. Sie können seine Aussage einfacher ausdrücken. Lösen Sie das so genannte Kompositum in seine Bestandteile auf. Brauchen Sie die Bedeutung aller Bestandteile, bilden Sie einen Satz aus ihnen. Liefert ein Bestandteil die wesentliche Aussage, lassen Sie die anderen weg. Aus „der einzelne Versteigerungsvorgang" wird auf diese Weise schlicht und ergreifend: „die Versteigerung". Aus „die Versteigerung" wird „versteigern". So kommen Sie auf den Punkt. Ihre User werden Ihre Gedanken schneller verstehen.

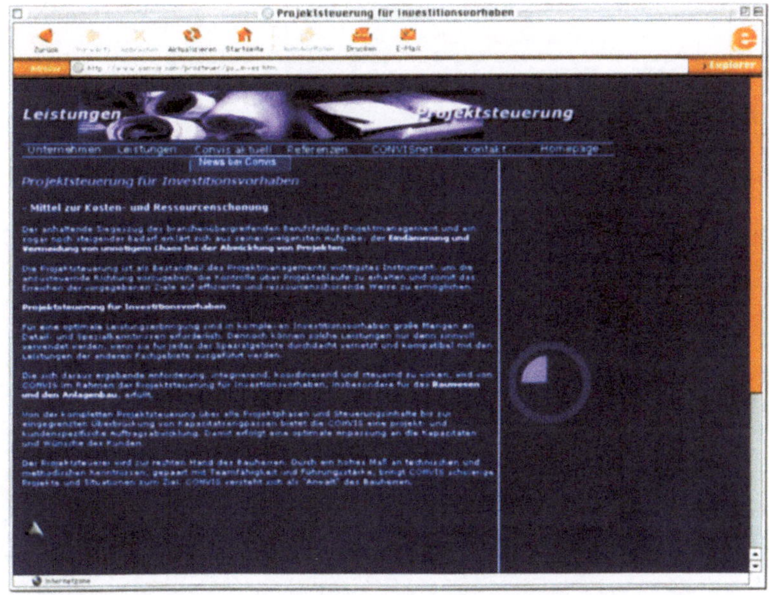

Abb. 3.10
Wortungetüme statt Klartext: „Projektsteuerung für Investitionsvorhaben" unter <www.convis.com/prosteuer/ps_inves.htm>. Auf dieser Website wird investieren zur sprachlichen Herausforderung.

3.4.2
Setzen Sie Fachausdrücke gezielt ein

„Implementieren" – was genau heißt das? Norbert Nutzwert hat den Ausdruck schon oft gehört. Richtig verstanden hat er ihn noch nie. Was wir nicht verstehen, befremdet uns. Manchmal schüchtert es uns ein. Norbert Nutzwert fühlt sich unbehaglich. Er empfindet den Text als *technisch (13)* und *wissenschaftlich (31)*. Er erlebt sein Unwissen als Mangel und fühlt sich *abgestoßen (1)*. Das passiert in seinem Unterbewusstsein. Er wird sich in den seltensten Fällen darüber klar.

Nutzen Sie Fachausdrücke, wenn Sie ausschließlich ein Fachpublikum ansprechen. Laien werden durch Fachausdrücke ausgesperrt. Experten fühlen sich in ihrer Welt bestärkt. Der Autor sagt es mit ihren Worten; er gehört zu ihrem exklusiven Kreis. Sprechen Sie eine gemischte Zielgruppe oder Laien an, ersetzen Sie das Fachwort durch einen allgemeinverständlichen Begriff. Das funktioniert so gut wie immer. Aus „implementieren" wird auf diese Weise „aufspielen", „einführen", „zum Laufen bringen".

Drückt kein allgemeinverständlicher Begriff alle Aspekte des Fachwortes aus, verzichten Sie einfach auf weniger wichtige Bedeutungen. Wo es auf wirklich alle Bedeutungen ankommt, sind Sie schon tief ins Thema eingestiegen. In diesem Fall sollten Sie das Fachwort erklären – zum Beispiel mit einem Hyperlink zu Ihrem Glossar.

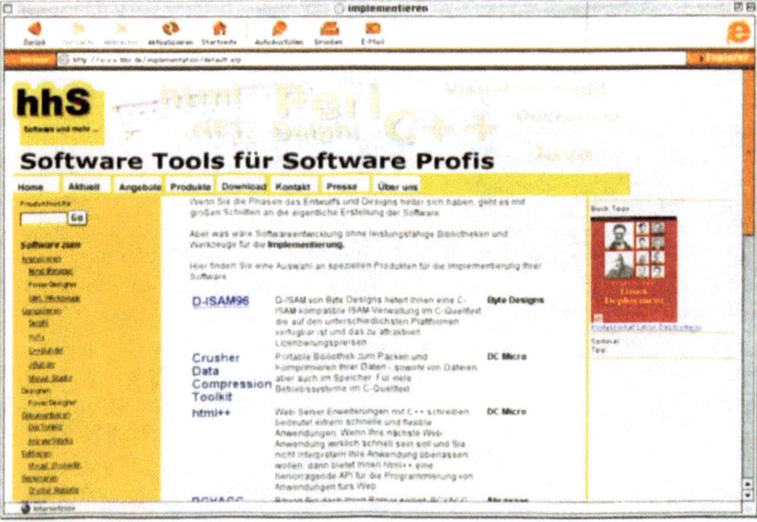

Abb. 3.11
Fachchinesisch für Fachchinesen: Unter <www.hhs.de> dürfen sich Software-Programmierer unter sich fühlen. Autor und Leser verstehen sich, Laien sind nicht die Zielgruppe.

3.4.3
Vermeiden Sie Fremdwörter

Fremdwörter sind uns fremd. Sie haben auf Webseiten nichts zu suchen. Auf Ihren Webseiten vermitteln Sie Gedanken in Sekundenschnelle. Fremdwörter sind Hürden, die Ihre Leser im Zweifel zu Fall bringen. Schreiben Sie Deutsch, wenn Sie deutsche Muttersprachler erreichen wollen. Sie haben nichts zu verbergen. Sprechen Sie die Sprache Ihrer Leser. Suchen Sie die Nähe zu ihnen.

3.4.4
Weg mit den Floskeln

Sowie, diesbezüglich, insbesondere, desgleichen, hiervon, dies, jenes, obgleich, ferner... lang ist die Liste schriftdeutscher Floskeln. Sie wirken antiquiert. Im Internet stören sie. Wenn Sie sich bei einem Ausdruck nicht sicher sind, machen Sie die Gegenprobe: Stellen Sie sich vor, Sie sind im Gespräch mit anderen Menschen. Würden Sie am Postschalter sagen: „Ferner möchte ich noch Sondermarken kaufen“? Punkten Sie in Ihrer KFZ-Werkstatt mit: „Bitte beheben Sie den Blechschaden sowie den Kupplungsdefekt“? Sicher nicht. Schreiben Sie so unkompliziert, wie Sie sprechen.

3.4.5
Do you speak English?

Do you speak English? Die Frage ist berechtigt. Viele Website-Betreiber muten ihren Usern tiefgehende Fremdsprachenkenntnisse zu. Der Grund liegt auf der Hand: Das Medium selbst kommt aus den USA. Ebenso der oft unkritisch übernommene Computer-Jargon. Wir booten, surfen, downloaden, highlighten, verlinken, browsen, scrollen und so weiter und so fort. Wer englisch schreibt, gehört zur Szene.

Richten Sie sich nach Ihrer Zielgruppe, was fremdsprachliche Ausdrücke angeht. Grundsätzlich sollten Sie für eine deutschsprachige Zielgruppe immer deutsch schreiben. Statt „downloaden“ sagen Sie besser „runterladen“, statt „booten“ lieber „hochfahren“ und „highlighten“ ersetzen Sie durch „hervorheben“.

Nicht alle webtypischen Begriffe lassen sich so einfach ersetzen. Der Begriff „scrollen“ wird mit dem deutschen „Weiterblättern“ nur mangelhaft wiedergegeben. „Verlinken“ ist gebräuchlicher als „verknüpfen“. Der Umgang mit der englischen Sprache im Web bleibt eine Gratwanderung. Vertrauen Sie Ihrem Sprachgefühl.

Abb. 3.12
Kunterbuntes Sprach-gepansche: „Ferner zurren wir die Prioritätenabfolge der To-Dos mit Ihnen fest." What? Bestaunen Sie Stil-blüten und englische Unwörter unter <www.ecc-online-relations.com>.

Die Begriffe „Sitemap" und „Guided Tour" sollten Sie in jedem Fall vermeiden. Beide Angebote richten sich an User, die Orientierung suchen. Wer verwirrt ist, möchte nicht auch noch übersetzen müssen. Schreiben Sie statt dessen „Seitenplan" oder „Inhaltsverzeichnis" und „Rundgang".

3.4.6
Partizipien reduzieren Tätigkeitswörter

Partizipien von Tätigkeitsworten erkennen Sie an der Endung „-d" hinter der Grundform: „singen" ist die Grundform, „singend" das Partizip. Das ursprüngliche Tätigkeitswort kann als Partizip wie ein Eigenschaftswort verwendet werden: „der singende Elefant". Für Partizipien gilt dasselbe wie für Eigenschaftswörter. Je weniger davon sie verwenden, desto prägnanter wird Ihr Webtext. Das ursprüngliche Tätigkeitswort ist viel stärker. „Der Elefant singt sieben verschiedene Kinderlieder." Wie schwach wirkt dagegen: „Der singende Elefant kennt sieben verschiedene Kinderlieder"?

Ideale Kandidaten für Ihre Textbereinigung sind Partizipien wie „bestehend" und „existierend". Sie sind sehr beliebt, obwohl sie nicht aussagen. „Das bestehende System wurde rundum erneuert". Welches System denn sonst? Ein geplantes System oder ein vernichtetes hätte nicht erneuert werden können. „Die existierende Gesetzesvorlage reicht nicht aus." Über nichtexistierende Gesetzesvorlagen brauchen Sie nicht zu reden.

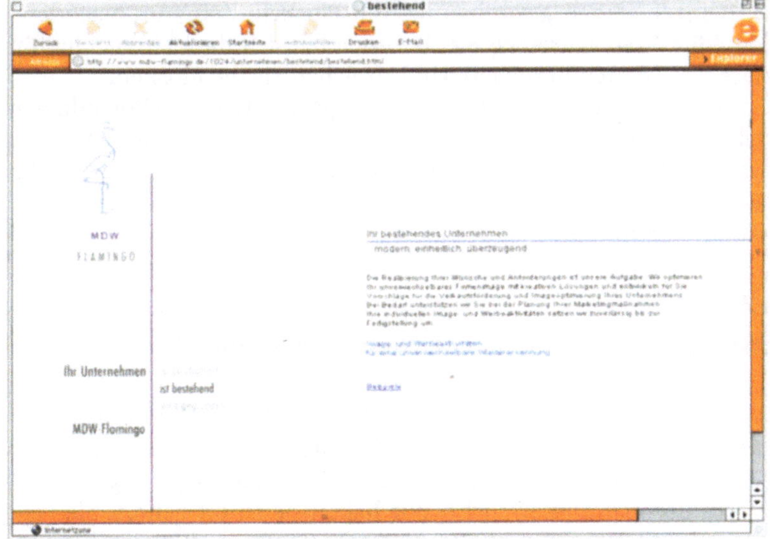

Abb. 3.13
Umständlich: Partizi-
pien finden Sie unter
<www.mdw-
flamingo.de>.
In der Überschrift heißt
es: „Ihr bestehendes
Unternehmen".
Wie viel stärker wäre
„Ihr Unternehmen"
gewesen?

3.4.7
Schränken Sie sich nicht ein

Haben Sie sich eigentlich schon ein bisschen darüber Gedanken gemacht, ob Sie irgendwie treffender schreiben wollen? Noch unverbindlicher geht's wohl kaum.

Sprachliche Einschränkungen sind weit verbreitet. Wer „eigentlich" anderer Ansicht ist, befürchtet Gegenwind. Ist „ein bisschen spät" schon zu spät oder gerade noch rechtzeitig? Sind Sie „irgendwie" oder „irgendwo" vom Gegenteil überzeugt? Wie denn und wo denn?

Einschränkungen bedeuten volle Fahrt mit gezogener Handbremse. Reibungswärme ist vorprogrammiert. Mit Einschränkungen dokumentieren Sie Unsicherheit. Das Gegenteil ist Ihr Ziel. Streichen Sie Einschränkungen ersatzlos. Formulieren Sie so, dass Sie Ihre Aussagen vertreten können.

3.4.8
Vermeiden sie Füllwörter

Eine Mai-Bowle strecken Sie mit Sprudel. Ihre Aussagen sind pur am besten zu genießen. Vor allem im Web. Floskeln wie „außerdem", „geradezu", „freilich", „sozusagen", „dementsprechend" und „gewissermaßen" haben keine Bedeutung. Sie längen Ihre Sätze. Beim Sprechen gewinnen Sie mit Floskeln Zeit zum Nachdenken. Fürs Web schreiben Sie. Nehmen Sie sich die Zeit, die Sie für klare Botschaften brauchen. Und streichen Sie die Floskeln.

Das ist scheinbar leichter gesagt als getan. Arthur Schopenhauer stellt sich mit seinem Merksatz zu Füllwörtern selbst ein Bein: „Jedes überflüssige Wort wirkt seinem Zweck gerade entgegen"[7]. Er hätte das Wort „gerade" ersatzlos streichen können. Sie sehen, worauf's ankommt.

3.4.9
Ersetzen, begründen und belegen Sie Worthülsen

Worthülsen sind verführerisch. „Qualität durch Tradition", „Ihr Partner in Sachen Innovation", „Kompetenz und Know-how aus einer Hand" – damit ist alles gesagt. Wer alles sagt, sagt nichts. Worthülsen sind verbraucht. Wir haben sie zu oft gehört. Sie verklingen ohne eine Botschaft zu vermitteln. Sie wollen von „Dynamik" sprechen? Vermeiden Sie die Worthülse und schreiben Sie „Beweglichkeit". Sie möchten das „Know-how" Ihrer Kundenberater erwähnen? Nennen Sie es „Fachwissen".

Der deutsche Industrielle Robert Bosch zeigt uns mustergültig, wie aus der Worthülse Qualität eine Herzensangelegenheit wird: „Es war mir immer ein unerträglicher Gedanke, es könnte jemand bei der Prüfung eines meiner Erzeugnisse nachweisen, dass ich ... Minderwertiges leiste. Deshalb habe ich stets versucht, nur Arbeit hinauszugeben, die jeder sachlichen Prüfung standhielt."[8]

Worthülsen lassen sich nicht überall ersetzen. Wo es nicht geht, begründen und belegen Sie Ihre Aussage. Ihr Statement zur Qualität könnte dann so lauten: „Unsere Software verfügt über eine hohe Qualität. Über 30 Prozent unserer Investitionen fließen in die Qualitätssicherung. Schon die Betaversion dieses Software-Pakets hatte keinen einzigen gravierenden Fehler".

---

[7] Schopenhauer, Arthur; 1788 bis 1860. Deutscher Philosoph. Zitiert in: Schmidt, Lothar (2001): *Zitatenschatz für Führungskräfte*. Wien/Frankfurt
[8] Bosch, Robert; 1861 bis 1942. Deutscher Industrieller. Zitiert in: Schmidt, Lothar (2001): *Zitatenschatz für Führungskräfte*. Wien/Frankfurt

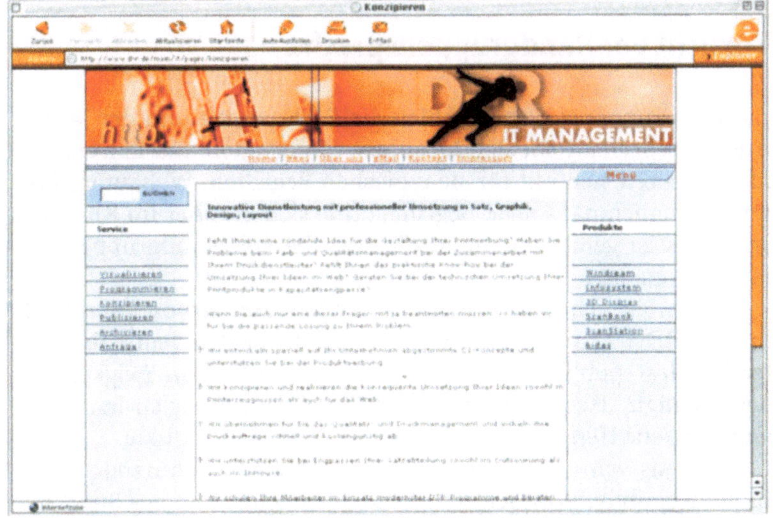

Abb. 3.14
Heiße Luft:
„Innovative Dienst-
leistung mit professio-
neller Umsetzung..."
unter <www.d-r.de>.
Wer alles sagt, sagt
nichts. Ersetzen Sie
Worthülsen. Oder be-
gründen und belegen
Sie Ihre Aussage.

Viel Spaß mit Worthülsen bietet die Seite <http://www.heise.de/bin/
bbingo.pl> vom Heise-Verlag. Die Autoren des so genannten Buzz-
word Bingos listen ihre Lieblingsworthülsen als Bingo-Vorlage mit
Spielanleitung. Besonders witzig sind die fingierten Kommentare
der Spieler. Schauen Sie mal rein.

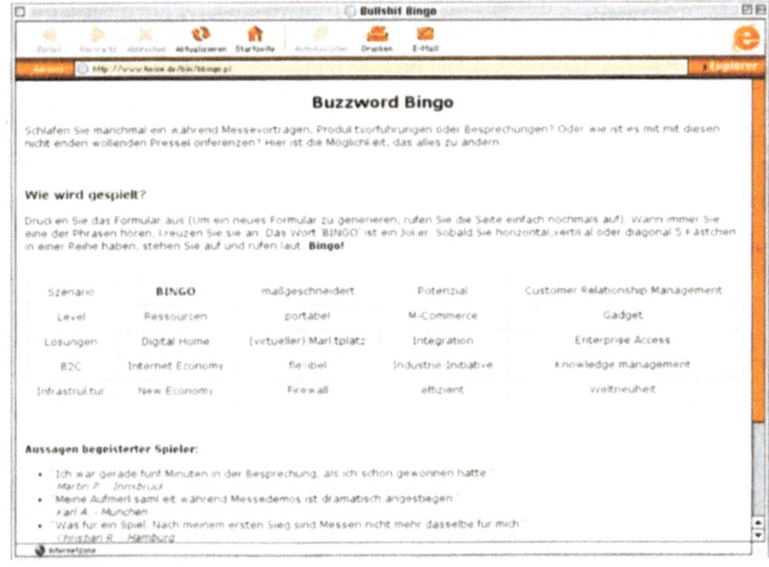

Abb. 3.15
Witzig:
Gute Laune mit Wort-
hülsen unter
<www.heise.de/bin/
bbingo.pl>. Die Palette
reicht von „Szenario"
bis „Weltneuheit".
Vielleicht regt Sie das
Vorbild zu Ihrer eige-
nen Favoritenliste an?

3.5
Vorsicht vor Randgruppensprache

Zu den Gruppensprachen zählen die Fachsprache und der Jargon. Auch gesellschaftliche Randgruppen, Minoritäten und Extremisten identifizieren sich mit für sie typischen Begriffen. Webautoren benutzen manchmal solche Begriffe, ohne sich darüber im Klaren zu sein. Das ist gefährlich, denn die Sprache von Randgruppen vermittelt Signale.

Stören Sie sich zum Beispiel am Packungsaufdruck „Hergestellt in der BRD"? Kein Wunder. Erstens sind die beiden deutschen Staaten Bundesrepublik und DDR schon seit einer kleinen Ewigkeit wiedervereinigt. „Hergestellt in Deutschland" ist seit vielen Jahren die angemessene Herkunftsbezeichnung für deutsche Produkte.

Zweitens war „BRD" noch nie eine offizielle Abkürzung in der Bundesrepublik. Westdeutsche Beamte sprachen von der Bundesrepublik Deutschland, der Bundesrepublik oder von der BR Deutschland. Parteifunktionäre der DDR verwendeten das Kürzel „BRD" dagegen gerne. Sie setzten alles daran, die Bezeichnung „deutsch" unter den Tisch fallen zu lassen. Wer von „deutsch" sprach, meinte automatisch auch den imperialistischen Klassenfeind im Westen. Und das hieß, das Messer in der Wunde drehen.

Politisch links gerichtete Gruppierungen erkennt man noch heute daran, dass Sie von der „BRD" sprechen. Die „Freundschaftsgesellschaft BRD-Kuba e.V." gibt auf ihrer Website <www.fgbrdkuba.de> deutliche Hinweise. Das ist sinnvoll. Der Verein selektiert seine Zielgruppe. Ob die kommerzielle Firma Videojet im linken Lager zu Hause ist? Wenig wahrscheinlich. Der Texter gibt unter <www.videojet.de/support> vermutlich ungewollt ein falsches Signal, ausgerechnet in der Überschrift. Er kann nicht wissen, welcher potenzielle Käufer sich am sozialistischen Kürzel stören wird.

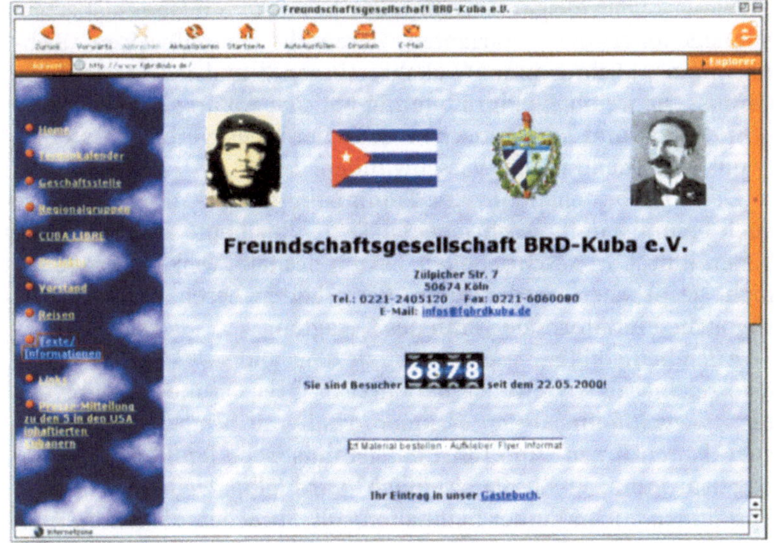

Abb. 3.16
Fidel: Die „Freund-
schaftsgesellschaft
BRD-Kuba e.V." gibt
auf ihrer Website
<www.fgbrdkuba.de>
Hinweise auf ihre politi-
sche Ausrichtung. Unter
Castros idealisiertem
Jugendportrait steht
das Sozialistenkürzel
„BRD".

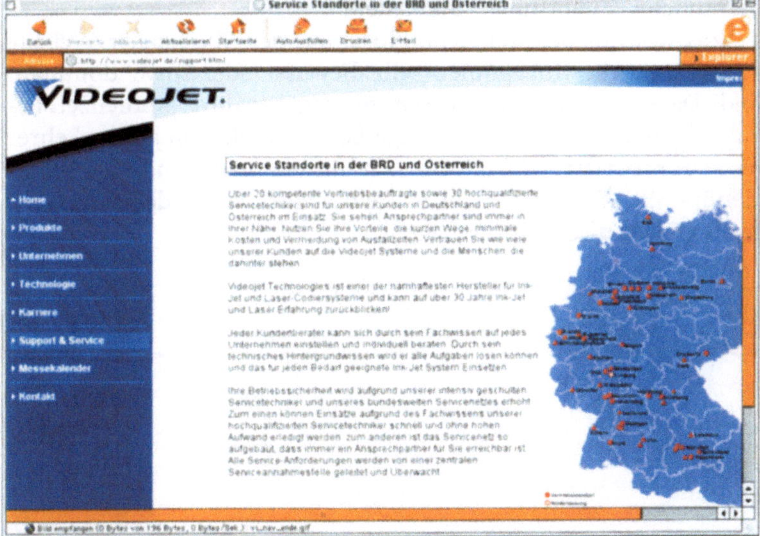

Abb. 3.17
Linkisch:
Der Texter von
<www.videojet.de/
support> meint
„Deutschland" und
schreibt „BRD". Was
im richtigen Leben
veraltet ist, klingt im
Internet nach Steinzeit
und Sozialistenmuff.

Noch ein Beispiel. In der Realschule Miesbach arbeiten Lehrerinnen und Lehrer. Die Mehrzahl von „Lehrer" heißt „Lehrer", wenn Männer und Frauen oder nur Männer gemeint sind. Unter <www.realschule-miesbach.de> ist dagegen von „LehrerInnen" die Rede. Die weibliche Mehrzahl mit dem großen „I" soll die männliche Mehrheit der Miesbacher Lehrer mit einbeziehen.

Diese regelwidrige Schreibweise kommt von feministischen Sprachkritikerinnen. Varianten waren die Schreibweisen „Lehrer/innen", „Lehrer-innen", „Lehrer(innen)" und jede Mischform daraus. Die weibliche Pluralbildung hat sich Anfang der 80-er Jahre in linken und feministischen Gruppierungen verbreitet und ist heute weitgehend wieder verschwunden.

Dennoch bestehen einzelne Feministinnen und möglicherweise auch Feministen in geschriebenen Texten bis heute auf dem weiblichen Plural. In geschriebenen Texten deshalb, weil das große „I" nicht gesprochen werden kann. Beim lauten Lesen verfälscht die weibliche Pluralform den Sinn des Gesagten.

Auch beim stillen Lesen schafft sie alles andere als Klarheit. Die österreichische Ärztewoche berichtet in ihrer Online-Ausgabe unter <www.infoline.at/depressionen/dysthymie.htm> von „weiblichen PatientInnen" und führt das feministische Relikt unfreiwillig ad absurdum. Der Zusatz „weiblich" wird fällig, weil die weibliche Pluralform auch Männer beinhalten soll. Sprechen die Autoren also von mehreren Frauen, bleibt keine Pluralform übrig. Noch origineller wird es beim Gegenstück: Können Sie sich ernsthaft „männliche PatientInnen" vorstellen?

Was will uns der weibliche Plural auf der Miesbacher Website sagen? Dass die Kolleginnen selbstbewusst oder sogar dominant sind? Dass sie sich ein Stück Feminismus aus ihrer Studienzeit bewahrt haben? Wird sich eine junge Lehrerin oder ein junger Lehrer gerne dort bewerben? Und was sagt uns die männliche Vielzahl im Menüpunkt „Schüler"? Gibt es keine Mädchen? Oder haben bei den Schülern die Jungs das Sagen?

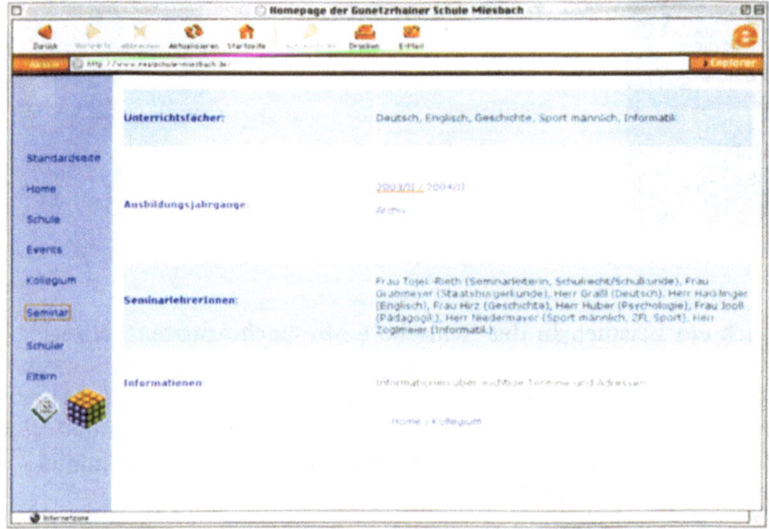

Abb. 3.18 Frauenpower: „SeminarlehrerInnen" unter <www.realschule-miesbach.de>. Was ist mit den Schülerinnen?

Eine besondere Regelung gilt für Ihre Stellenanzeigen. Da Sie mit einem Jobangebot in der Regel einzelne Menschen bezeichnen, müssen Sie die weibliche und die männliche Ansprache nutzen. Das schreibt der Gesetzgeber vor. Und das ist auch gut so: Auf ein Stellenangebot mit der Bezeichung „Webadministrator gesucht" würde sich eine Frau weniger angesprochen fühlen als ein Mann. Die Jobbörse auf Ihren Webseiten lässt Ihnen Raum genug für die sprachlich korrekte und eindeutige Form: „Webadministrator oder Webadministratorin gesucht". Wer's kürzer mag oder sich im Platz beschränken muss, sollte die weibliche Form mit Klammern, Schrägstrich oder Bindestrich anhängen. Das große „I" bleibt der Randgruppe der Feministinnen vorbehalten.

3.6
Abkürzungen werden zu Umleitungen

Abkürzungen sollen Zeit sparen. Dem Schreiber, nicht dem Leser. Im Schreibmaschinenzeitalter mag das ein Argument gewesen sein. Im Webzeitalter haben Abkürzungen nichts verloren. Jede Abkürzung muss erfasst und übersetzt werden. Das kostet den Leser Zeit.

Abkürzungen wie „insb." für „insbesondere", „m.E." für „meines Erachtens", „i.Ü." für „im Übrigen", „desgl." für „desgleichen" und „usw." für „und so weiter" können Sie ersatzlos streichen. Sie stehen für Füllwörter. Sinnvollere Kürzel wie „z.B." für „zum Beispiele", „ca." für „zirka" und „bzw." für „beziehungsweise" schreiben Sie aus. Ihr User formuliert das abgekürzte Wort beim stillen Lesen auch aus. Wenn Sie es ausschreiben, bleibt er in seinem Rhythmus. Dasselbe gilt für das mathematische Zeichen „%". Schreiben Sie „Prozent". Das beschleunigt den Lesefluss.

Anders steht es mit Abkürzungen, die zum Namen für das Benannte selbst geworden sind: Jeder weiß, was ein PC ist. Dagegen können vielleicht noch nicht einmal alle Deutschen sagen, was „PC" ausgeschrieben heißt. Dasselbe gilt für den ICE der Bahn oder für die PIN zur EC-Karte. Bei diesen Beispielen liest der User die Abkürzung wie einen eigenständigen Begriff. In seinen Gedanken entsteht das Lautbild „Pehzeh" und nicht etwa „Personal Computer". Er liest „Izeh Eh" und nicht „Inter City Express". Er hat „Pinn" im Ohr und nicht „Persönliche Identifikationsnummer".

*Abb. 3.19
Latex statt
Klartext: „TeX, LaTeX,
Metafont usw. am
ZAIK/RRZK" unter
<www.uni-koeln.de>.
Alles klar?*

Die Sprache lebt. Abkürzungen auch. Irgendwann werden sie alle zum ersten Mal benutzt. Manche von ihnen kümmern dahin. Andere schaffen den Durchbruch und werden zum Modekürzel einer ganzen Generation. Denken Sie nur an die SMS. Und irgendwann versinken Sie alle wieder in die Tiefen des Vergessens. Unterm Strich bleibt es Ihrem Sprachgefühl überlassen, welche Abkürzungen Sie Ihren Zielgruppen zumuten wollen. Entscheiden Sie sich im Zweifel für die ausgeschriebene Form.

3.7
Wie lang sind Ihre Sätze?

Spätestens ab dem zweiten Nebensatz wird eine Aussage schwer verständlich. Vor allem beim gesprochenen Wort. Viele Menschen sind beeindruckt, wenn sie etwas nicht verstehen. Politiker machen sich diese Eigenschaft gern zunutze. Manche schwelgen in Einschüben und Hinzufügungen. Erstens brillieren sie mit ihrer vorgeblichen Sprachgewandtheit, zweitens müssen sie sich nicht auf klare Aussagen festlegen. Das fällt scheinbar nur wenigen auf. Warum sonst wird diese besondere Form der Rhetorik erfolgreich über Kanzler-Generationen hinweg vererbt?

Sie möchten weder das eine noch das andere. Ihre Sprachgewandtheit drückt sich darin aus, dass Sie Ihre User erreichen. Ihr Erfolg gründet sich auf Ihre verbindlichen Aussagen. Lösen Sie Schachtelsätze schon in Ihren Gedanken auf. Das Patentrezept für knackige Sätze stammt von den Profis der Prägnanz: Mit der Schlagzeile „Wer etwas zu sagen hat, braucht nicht viele Worte" hat die Bild-Zeitung neue Leser geworben[9].

Schneiden Sie sich davon eine gute Scheibe ab und bilden Sie Sätze nach dem Muster Subjekt, Prädikat, Objekt. Die Zielfrage lautet: Wer macht was mit wem? Den Schachtelsatz „Das Lösungspaket, das Sie sich auf unserer Site nach Ihren Wünschen zusammengestellt haben, kostet 280 Euro, vorausgesetzt, Sie schließen den Bestellvorgang online ab" verkürzen Sie zu: „Ihr Lösungspaket kostet 295 Euro. Bestellen Sie jetzt und sparen Sie 15 Euro." Es gibt zwei wesentliche Aussagen. Beide verdienen einen eigenen Satz.

Abb. 3.20
Verschachtelt:
Das Statistische Bundesamt konstruiert auf
<www.destatis.de>
einen Hauptsatz mit zwei Nebensätzen und einer Aufzählung.
Amtliches Ergebnis:
vier Kommas, auf fünf Textzeilen verteilt.

3.8
Etwas Zeichenlehre fürs Web

Zeichensetzung ist für viele von uns ein Böhmisches Dorf. Kommas werden oft nach Gefühl gesetzt. Oder das englische Genitiv-S in deutschen Sätzen: Es fällt den wenigsten auf. Nicht einmal dann, wenn damit Mehrzahlen gebildet werden: „Krauterbach's Service: Jede Stunde werden bundesweit sieben PC's geliefert". Wo es dennoch verständlich bleibt, ist falsche Zeichensetzung reine Geschmacksache. Spannend wird es dort, wo Satzzeichen die Bedeutung des Gesagten verändern.

---

[9] Überschrift einer Plakat-Serie der Bildzeitung in München, Sommer 2000.

3.8.1
Ausrufezeichen – je weniger, desto wirkungsvoller

Sie kennen die Kollegen und Kolleginnen, die jede E-Mail mit mindestens drei Ausrufezeichen im Betreff verschicken. Dahinter steckt der Wunsch nach Aufmerksamkeit: „Was ich zu sagen habe, ist wichtiger als alles andere." Auch manche Webautoren verführt das Verlangen nach Beachtung zum Missbrauch der deutschen Zeichenregeln. Je mehr Ausrufezeichen, desto wichtiger die Botschaft? Das Gegenteil ist der Fall. Das Ausrufezeichen sollten Sie so sparsam wie möglich einsetzen. Erst dann entfaltet es seine ganze Kraft.

Abb. 3.21
Eigentor:
Seine schwache Pointe hat ein Autor von <www.torfabrik.de> gleich dreifach ausgezeichnet. Frei nach dem Motto: „Sonst guckt ja wieder niemand hin."

3.8.2
Mit Pünktchen punkten Sie nicht

Sparen Sie sich Andeutungen mit drei oder mehr Pünktchen. Wer mit Pünktchen punkten will, hat das Thema verfehlt. Zumindest im Web. Sagen Sie klar und deutlich, was Sie zu sagen haben. Bieten Sie vollständige Aufzählungen oder einzelne Beispiele. Unter drei Pünktchen kann sich niemand etwas vorstellen. Auch der Autor nicht. Setzt er noch mehr Pünktchen, wird seine Verzweiflung offenbar: „Weia, wie sag ich's bloß......?"

3.8.3
In Klammern nebenbei gesagt?

Was Sie in Klammern hinzufügen, sagen Sie nebenbei. Im Web haben Ihre Leser keine Zeit für Randbemerkungen. Lassen Sie die Klammern weg: Ist Ihre Anmerkung wichtig für Ihre Nutzenbotschaft, hat sie gewonnen. Ist sie es nicht, streichen Sie zusammen mit den Klammern gleich den ganzen Satz.

Wenn Sie einzelne Begriffe in Klammern erklären wollen, überlegen Sie sich Folgendes: Kennt Ihre Zielgruppe den Begriff? Dann schreiben Sie ihn ohne Erklärung. Kennt sie ihn nicht, dann widmen Sie der Erklärung einen Hauptsatz. Oder noch besser, ersetzen Sie ihn durch ein bekanntes Wort. Wollen Sie außer einer Fachzielgruppe noch breitere Zielgruppen erreichen, verlinken Sie den fragwürdigen Begriff zu seiner Erklärung im Glossar.

3.8.4
Schwammig: der Schrägstrich

Sehr großer Beliebtheit erfreut sich der Schrägstrich. Der Schrägstrich ist kein sprachliches Zeichen. Im Deutschen wird er oft stellvertretend für das Wort „beziehungsweise" eingesetzt: „Bitte halten Sie Hunde/Katzen von dieser Grünfläche fern". Das ist verwirrend. In den meisten Fällen können Sie einen Schrägstrich durch ein einfaches „und" ersetzen: „Bitte halten Sie Hunde und Katzen von die-

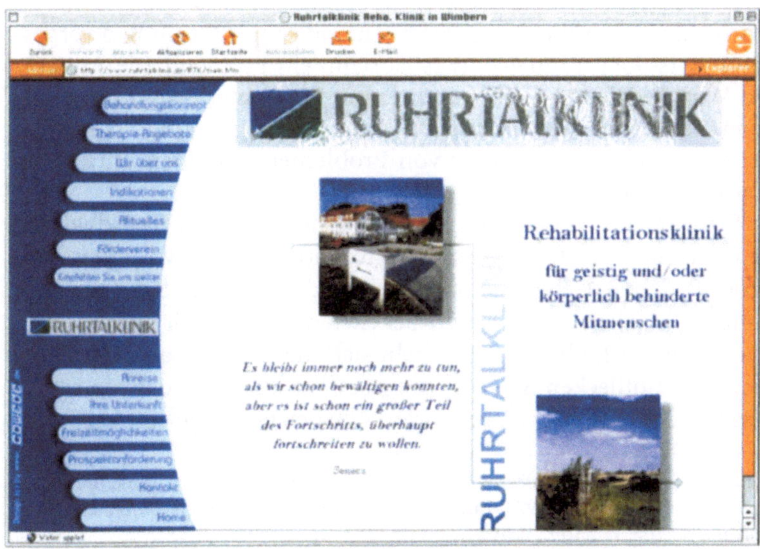

Abb. 3.22
Umständlich:
Eine „Rehabilitations-
klinik für geistig und/
oder körperlich behin-
derte Mitmenschen"
stellt sich unter
<www.ruhrtalklinik.de>
vor. Statt dem unaus-
sprechbaren „und/oder"
würde ein einfaches
„für behinderte
Mitmenschen" völlig
reichen.

ser Grünfläche fern." Wo es darauf ankommt, dass sowohl ein einzelner als auch beide Fälle eintreten können, ersetzen Sie den Schrägstrich durch das Wort „beziehungsweise".

3.9
Positiv denken, positiv schreiben

Es gibt Menschen, die fragen Sie nach der Uhrzeit, und sie antworten: „Das Problem ist, dass ich heute morgen meine Uhr im Bad liegen ließ, aber weil meine Putzfrau mal wieder zu früh gekommen ist, musste ich schnell machen, dass ich fertig werde, da habe ich an meine Uhr natürlich nicht mehr gedacht." Sie haben eine ganze Weile zugehört und wissen immer noch nicht, wie spät es ist. Sie haben eine Frage gestellt und ein Problem zurückbekommen. Das gibt Ihnen ein schlechtes Gefühl. Ihre positive Sicht der Welt ist für ein paar Sekunden getrübt. Und das wegen der Uhrzeit.

Drei Eigenschaften kennzeichnen dieses Zitat:

- Es ist negativ.
- Es ist unnötig ausführlich.
- Es ist von einem Problem die Rede.

3.9.1
Entdecken Sie Chancen für sich und Ihre User

Wir sind uns darüber einig: Dass jemand seine Uhr im Bad vergessen hat, ist kein Problem. Was ist dann ein Problem? Die Antwort ist: Wer überzeugen will, kennt keine Probleme. Ihre innere Haltung und Ihre Sprache beeinflussen sich gegenseitig. Wenn Sie Probleme sehen, werden Sie von Problemen schreiben. Ihre Texte werden negativ.

Erfolgreiche Webautoren sind von einer positiven Grundhaltung geprägt. Sie sprechen von Herausforderung dort, wo andere ein Problem sehen. Gehen Sie noch weiter. Übernehmen Sie einen brillanten Gedanken von Nelson Rockefeller: „Wohin wir auch blicken auf dieser Welt, überall entwickeln sich die Chancen aus den Problemen."[10] Entdecken Sie Chancen dort, wo andere Probleme sehen. Das bringt Sie und Ihre User voran. Alle Beteiligten gewinnen.

---

[10] Rockefeller, Nelson; 1908 bis 1979. Amerikanischer Politiker, Gouverneur von New York von 1958 bis 1973. Zitiert in: Schmidt, Lothar (2001): *Zitatenschatz für Führungskräfte*. Wien/Frankfurt

3.9.2
Sagen Sie's positiv

Der amerikanische Psychologe Elliott McGinnies[11] hat Mitte des vorigen Jahrhunderts ein interessantes Experiment durchgeführt. Er zeigte Studenten Dias mit verschiedenen Wörtern. Er benutzte dazu einen Diaprojektor, bei dem die Vorführungszeit auf Bruchteile von Sekunden beschränkt werden konnte. Das Wort „whole", zu deutsch: ganz, wurde im Durchschnitt innerhalb einer Zehntelsekunde erfasst.

Das Wort „whore", Hure, musste doppelt so lange gezeigt werden. Das Wort unterscheidet sich von „whole" nur in einem einzigen Buchstaben. Elliott McGinnies führte seine Experimente in den sittsamen 50-er Jahren durch. Damals nahm man ein Wort wie „Hure" nicht in den Mund. Offensichtlich gab es einen Mechanismus, der die Erkennung des Wortes erschwerte. Elliott McGinnies nannte ihn „Wahrnehmungsabwehr".

Unsere Wahrnehmungsabwehr filtert Negatives weg. Wo von „schwierig" die Rede ist, liest Norbert Nutzwert ungern weiter. „Hindernisse" will er nicht sehen. Sätze mit „kein" und „nicht" lassen sich positiv ausdrücken. Texten Sie statt „zu keinem Zeitpunkt werden Sie allein gelassen" in Zukunft „wir sind ständig für Sie da". Schreiben Sie statt „auch die schwierigste Kundenanforderung stellt für uns kein Problem dar" lieber „fordern Sie uns – wir werden Ihre Erwartungen übertreffen".

3.9.3
Das Wort „aber" verwandeln Sie in „und"

Norbert Nutzwert steht an einer Straßenbahnhaltestelle. Es ist Frühjahr, und die erste Sonne scheint ihm ins Gesicht. Er lockert seinen Schal, öffnet die obersten Knöpfe seines Mantels. Neben ihm steht ein sympathisch aussehender Mensch. Die Straßenbahn lässt auf sich warten, die Sonne wärmt Norbert. Es geht ihm gut. Er spricht den Menschen neben sich an: „Die Sonne heute ist herrlich!"

Fall 1

„Ja, aber morgen regnet es", erwidert sein Gegenüber. Norberts Entspannung weicht einem unguten Gefühl. „Ist das nicht merkwürdig", denkt er. „Der Mensch steht in der schönsten Frühlings-

---

[11] Beschrieben in Weiler, Peter (1997): *Kreativitätstraining.* München. S. 158.

*sonne und redet vom Regen". Norbert wird wahrscheinlich nicht
mehr darauf antworten und sich freuen, wenn die Straßenbahn
kommt.*

Fall 2

*„Ja, und morgen regnet es", erwidert sein Gegenüber. „Ach," sagt
Norbert, „Sie mögen den Regen auch? " Eine ungewöhnliche Unterhaltung entwickelt sich. Der sympathische Mensch neben
Norbert Nutzwert entpuppt sich als Meteorologe. Er hat eine besondere Beziehung zu Tiefdruckgebieten, erzählt er. Alle seine
wichtigen Lebensentscheidungen hat er in Tiefdruckgebieten ge-
troffen. Ein origineller Gedanke, den Norbert lächelnd mit in den
Tag nimmt.*

Das Beispiel zeigt deutlich: Das Wort „aber" zieht einen tiefen Gra-
ben zwischen Menschen. Wir sagen und schreiben täglich „aber".
Manchmal wollen wir unsere Aussage damit verstärken: „Wir lieben
die Natur, aber vor allem die Bäume." Das Gegenteil erreichen wir.
Mit „aber" trennen wir, was zusammengehört: Natur und Bäume,
Sonne und Regen, Ihren User und sich.

Ihr User hat Recht mit seinen Eindrücken, Gefühlen und Reaktionen. Was auch immer Sie ihm mitteilen enthält kein Aber. Sie
wollen Ihren Leser erreichen. Ein Graben wird dabei stören. Statt
dessen heben Sie das Verbindende hervor.

Nehmen wir an, Ihr Unternehmen ist klein im Verhältnis zu
seinen Wettbewerbern im Web. Statt „Wir sind zwar klein, aber
dafür können wir flexibel reagieren" schreiben Sie ab heute: „Wir
sind ein kleines Team und reagieren flexibel auf Ihre Wünsche."
Kein Platz und keine Notwendigkeit für ein Aber.

Je mehr Sie darauf achten, desto seltener werden Sie das Wort
„aber" brauchen. Sie werden zur Erkenntnis kommen, dass dieses
Wort überflüssig ist. Auf dem Weg dorthin schreiben Sie „nur"
statt „aber". Das zieht keinen ganz so tiefen Graben. Wenn Sie diesen Schritt geschafft haben, schreiben Sie „und" statt „nur". Sie
werden sehen, es funktioniert immer. Die Wirkung ist beeindruckend.

Abb. 3.23
Aber, aber: „Web-Services – ein neuer Hype"? Ohne das Aber wäre niemand drauf gekommen. Unnötig verschenkter Titel unter <www.golem.de>. Der Untertitel beginnt mit „Hindernisse…" – damit möglichst niemand weiterliest?

3.10
Die Kunst, Geschichten zu erzählen

Wir alle lieben sie, die Geschichten aus dem richtigen Leben. Am meisten dann, wenn wir sie auf uns selbst beziehen können. Welches Dornröschen träumt nicht davon, wie einst Lady Diana als strahlende Prinzessin wachgeküsst zu werden? Welcher Geschäftsführer raunt nicht ehrfurchtsvoll, wenn von Bill Gates' Milliarden berichtet wird?

Zeigen Sie, dass Ihre Texte aus dem richtigen Leben kommen. Beziehen Sie sich auf bewegende Ereignisse, auf bekannte Personen und auf berühmte Orte. Verwenden Sie anschauliche Bilder und Metaphern. Schreiben Sie nicht „700 Quadratmeter groß" – schreiben Sie: „größer als der Centre Court in Wimbledon". Nutzen Sie die Kraft emotionaler Ausdrücke. Sagen Sie „spannend" statt „interessant" und „beeindruckend" statt „beachtlich". Packen Sie Ihre Aussagen in eine bewegende Geschichte.

Je mehr Sie sich der Gefühlswelt Ihrer Zielgruppen annähern, desto mehr werden Sie mit Ihren Texten erreichen. Keine Sorge: Sie sollen keine Märchen erzählen. Auch wenn Sie das gut könnten – für Märchen haben Ihre User keine Zeit. Reichern Sie statt dessen Ihre Fakten mit einer guten Portion Gefühl an. Mit Handlung. Mit Bedeutung. Mit Personen wie du und ich.

3.10.1
Lassen Sie Personen sprechen

Zitate machen Ihre Botschaften glaubwürdiger. Verwenden Sie die Aussagen Ihrer Kunden, Ihrer Mitarbeiter, Ihrer Geschäftspartner. Geben Sie die Visionen Ihres Vorstands in wörtlicher Rede wieder. Zitieren Sie Ihre Geschäftsführerin zur wirtschaftlichen Stabilität Ihres Unternehmens. Lassen Sie Ihren treuesten Kunden die Qualität Ihrer Produkte bestätigen – mit einem kleinen Portrait und einem Hinweis auf dessen Bedeutung im Wirtschaftsleben.

Betten Sie komplexe Vorgänge in eine Handlung mit Personen ein. Schreiben Sie „Dritter Schritt: Ihr Buchhalter weiß jetzt per Knopfdruck, welche Rechnungen er als nächstes überweisen muss" statt „Das System ermöglicht in Phase Drei die fristgerechte Überweisung aller Rechnungen".

Abb. 3.25
Persönlichkeiten:
<www.bertelsmann.de>
zitiert Helden des Fern-
sehabends: „Jeden Tag
der gleiche Hass. Jeden
Tag die gleichen Lügen.
Jeden Tag die gleichen
Butterstullen". Mundge-
rechte Alltagsweisheit
mit einer Messerspitze
Zynismus – schmeckt
der Zielgruppe gut.

3.10.2
Metaphern, Bilder und Metonyme beleben Ihren Text

Schreiben Sie „wie ein Stubentiger schlich meine Katze durch die Wohnung", haben Sie ein Bild geschaffen: Sie zeichnen das Bild und benennen gleichzeitig die Sache, für die es steht. Heißt es dagegen „Mein Stubentiger schlich durch die Wohnung", bereichert eine Metapher Ihre Aussage. Der Ausdruck wirkt für sich selbst. Eine Metapher aus demselben Wortfeld heißt Metonym: „Sie sprachen in fremden Zungen".

Bilder, Metaphern und Metonyme beflügeln die Vorstellungskraft Ihrer Leser. Sie gehören zu einem lebendigen Stil: „Bis zu seinem Infarkt hatte der Unternehmensgründer am Chef-Sessel geklebt. Dann nahm er seinen Hut. Heute füttert er Tauben." Das bewegt. Die übertragenen Begriffe bringen kräftige Farben und Gefühle ins Bild. Sie erzählen eine ganze Geschichte zwischen den Zeilen.

Ihr Leser bekommt eine klare Vorstellung von diesem Unternehmensgründer. Er spürt die verzweifelte Energie des Chefs, der nicht weichen will. Dann kommt der Einbruch: Ein Infarkt rafft den Mann dahin. Er zieht die Konsequenzen – ohne jeden Kompromiss. Heute ist er nur noch der Schatten seiner selbst.

Auch ein vermeintlich trockener Stoff wird mit Ihrer Phantasie zum Lesegenuss. Entdecken Sie das Menschliche an Ihrem Thema. Öffnen Sie sich für das Außergewöhnliche daran. Was macht Ihre Organisation so wertvoll? Verleihen Sie diesen Gedanken überzeugende Bilder. Was Sie auf diese Weise zwischen den Zeilen mitteilen, ist so viel bewegender als die immer wieder gehörten Floskeln.

3.11
Sprechen Sie Ihre Leser persönlich an

Die erfolgreichste Webtext beginnt mit „Lieber Herr Nutzwert“. Norbert Nutzwert widmet den auf diese Anrede folgenden Zeilen seine ganze Aufmerksamkeit. Er weiß, dass die Webseite für ihn persönlich getextet wurde. Kann sich ein Leser besser fühlen? Kann ein Text relevanter sein? Wohl kaum. Das Internet bietet diesen Luxus. Gönnen Sie ihn Ihren Usern.

Schenken Sie Ihren Besuchern im Internet ein kleines Gratisprogramm, einen noch nicht gesehenen Bildschirmschoner oder exklusive Informationen. Binden Sie Ihre Gäste in nutzbringende Online-Prozesse ein. Zeigen Sie zum Beispiel einem Kunden, wo sich seine Bestellung gerade befindet. Alles, was der Nutzer dafür tun muss, ist seinen Namen angeben. Und schon kennen Sie ihn persönlich. Über ein Cookie oder einen Login erkennt Ihre Datenbank, wann immer er sich gerade zu Ihrer Site durchgeklickt hat.

Ein Cookie ist ein kleines Programm, dass sich automatisch auf dem Rechner eines Users installiert. Voraussetzung ist, dass er in seinem Browser die Option „Cookies zulassen“ aktiviert hat. Ein Login ist eine Datenmaske, in die der User seine persönliche Identifikation und sein Passwort einträgt. Eine Datenbank vergleicht die Elngabe mit den Stammdaten.

Durch Zusatzfragen bei weiteren nutzbringenden Angeboten lernen Sie Norbert Nutzwert immer besser kennen. Richten Sie Ihre Site so ein, dass er zuerst immer die für ihn wichtigsten Botschaften findet. Und sagen Sie ihm das. Er weiß es zu schätzen und belohnt Sie mit seinen Besuchen.

Auch wenn Sie diesen Aufwand nicht betreiben wollen oder können, sollten Sie Ihre Leser persönlich ansprechen. Nutzen Sie so oft wie möglich die Anrede „Sie“. Das zeigt Ihren Lesern, dass Sie sich mit deren Zielen und Bedürfnissen befassen. Es geht in erfolgreichen Webtexten nicht um Sie, sondern um Ihre Leser. Schreiben Sie statt: „Die Krauterbach AG hat Niederlassungen in Hamburg, München und Zürich“ lieber „Besuchen Sie unsere Niederlassungen in Hamburg, München und Zürich“.

Abb. 3.26
„Willkommen, Wolfgang": Personalisierung bei <www.photodisc.de>. Der User wird mit seinem Namen begrüßt. Leider verschenken die Webgestalter die Überschrift – wie wirkungsvoll wäre: „Wohin reisen wir, Wolfgang?"

3.12
Nicht jeder Witz ist lustig

Kennen Sie den? Kommt eine Blondine – oh, Sie sind blond? Das tut mir leid, das habe ich nicht geahnt. Natürlich nicht. Obwohl Sie Norbert Nutzwert inzwischen mit seinem Namen ansprechen, kennen Sie seinen Sinn für Humor nicht. Anders als der Witzbold in der Kneipe können Sie im Internet nicht auf die Gesichtszüge Ihrer User reagieren. Eine ironische Brechung kann leicht entgleisen. Eine sonst so originelle Pointe kann zur Beleidigung ausarten. Sparen Sie Ihren Lesern diese Erfahrung. Verzichten Sie im Web auf Humor. Zumindest dort, wo Sie im Auftrag von Organisationen arbeiten.

3.13
Bleiben Sie authentisch

Schreiben Sie nichts, woran Sie nicht glauben. Nur dann bringen Ihnen die Tipps und Techniken aus diesem Buch den gewünschten Erfolg. Ihre Leser spüren sehr genau, ob Sie hinter dem stehen, was Sie sagen. Lassen Sie sich von nichts und Niemandem dazu überreden, Unausgegorenes, Halbseidenes oder gar Betrügerisches ins Web zu stellen. Sie sind verantwortlich für das, was Sie schreiben. Morgens vor dem Spiegel sehen Sie Ihrer Verantwortung persönlich ins Gesicht. Und, ja, es macht riesigen Spaß, mit voller Überzeugung zu texten!

Vermeiden Sie Klischees, Stereotypien und Übertreibungen. Unterstützen Sie keine Vorurteile und verunglimpfen Sie niemanden. Denken Sie stets daran, dass jeder Ihre Website erreichen kann. Und trauen Sie sich, Ihren eigenen Stil zu verwenden. Das macht Ihre Seiten einzigartig und spannend.

3.14
Lesen und verstehen im Internet

Wo lesen Sie am liebsten? Manche Menschen schmökern mit Wonne in der Wanne. Andere setzen sich mit den spannendsten Krimis in einen großen Korbstuhl im Garten. Wieder andere machen sich's vor dem offenen Kamin im Wohnzimmer bequem, wenn sie sich mal richtig in ein Buch vertiefen wollen. Niemand liest gerne am Bildschirm. Der Rechner steht meistens am Arbeitsplatz, im Hobbykeller oder im Bügelzimmer. Dort, wo das unschöne, sperrige Ding am wenigsten stört. Das hat Folgen für die Art und Weise, wie Sie Texte fürs Web aufbereiten müssen.

3.14.1
Lesen im Web ist schwieriger

Selbst an einem gut eingerichteten Arbeitsplatz ist die Haltung des Users nicht immer günstig. Der Abstand der Augen zum Bildschirm, die Sitzposition und der Winkel der Arme zur Tastatur beeinflussen Ihr Wohlbefinden. Sitzen Sie immer mit geradem Rücken vor Ihrem Rechner? Ein Buch halten oder legen Sie so, dass Sie bequem mehrere Stunden hineinschauen können, ohne zu ermüden. Der Monitor steht fest auf dem Tisch. Selbst einen tragbaren Rechner werden Sie in der Regel auf eine feste Unterlage in der Nähe eines Netzanschlusses oder eines Telefonkabels stellen, wenn Sie im Internet surfen.

Die Lichtverhältnisse ändern sich je nach Wetterlage und Jahreszeit. Vielleicht reflektiert an zwei Monaten im Jahr das Morgenlicht auf Ihrem Bildschirm? Vielleicht reicht die Arbeitsfläche nicht aus, den Monitor die nötigen 20 Zentimeter nach links zu schieben? Dazu kommen technische Hürden. Wie oft stürzt Ihr Rechner ab? Bricht das Netzwerk Ihres Unternehmens hin und wieder zusammen? Trennt Sie Ihr Internet-Zugangs-Provider manchmal aus unerfindlichen Gründen von Ihrer Verbindung?

Ist Ihre Sicherheitsabschaltung zu knapp eingestellt? Sie fangen gerade an zu lesen, da poppt auch schon ein Fenster hoch: „Es konnte 30 Sekunden lang keine Netzwerktätigkeit festgestellt werden. Die Verbindung wurde getrennt"? Nutzen Sie den passenden Bildschirmtreiber? Ist er richtig eingestellt? Oder kennen Sie diesen leichten Kopfschmerz nach einer halben Stunde Arbeit am Rechner, den ein kaum wahrnehmbares Bildschirmflackern hervorruft? Hat sich seit Ihrer Arbeit am schlecht auflösenden PC-Monitor Ihre Sicht verschlechtert?

Selten kommt alles zusammen. Doch viele dieser Hürden sind normal. Wesentlich ist: Es geht nicht nur Ihnen so, sondern auch Ihren Usern. Selbst wenn Ihr Arbeitsplatz rundum gut ausgestattet ist, Norbert Nutzwert betreibt noch den Rechner der vorletzten Saison. Er arbeitet in einem Großraumbüro mit einem halben Quadratmeter Schreibtischfläche für sich. Führen Sie sich technische und ergonomische Hindernisse dieser Art bewusst vor Augen, wenn Sie fürs Internet texten.

3.14.2
User springen von Stichwort zu Stichwort

Verabschieden Sie sich von der Vorstellung, dass Web-User einen Text von vorne bis hinten durchlesen. Dazu ist das Lesen im Web zu wenig komfortabel. Ihre Texte sollten den Leser mit hervorgehobenen Worten direkt zu seinem Nutzen lotsen. Heben Sie nur das Wichtigste hervor. Je weniger, desto besser. Anhand Ihrer Hervorhebungen fühlt sich der User gut oder schlecht geführt; Sie zeigen, ob Sie seine Bedürfnisse gut oder schlecht verstehen. Gute Leserführung schafft Vertrauen. Und spart Ihren Usern außerdem Zeit und Geld.

Die vorangegangene Textpassage beispielsweise könnte im Web so aussehen:

*Verabschieden Sie sich von der Vorstellung, dass Web-User einen Text von vorne bis hinten durchlesen. Dazu ist das Lesen im Web zu wenig komfortabel. Ihre Texte sollten den Leser mit **hervorgehobenen Worten** direkt zu seinem Nutzen lotsen. Heben Sie **nur das Wichtigste** hervor. Je weniger, desto besser. Anhand Ihrer Hervorhebungen fühlt sich der User gut oder schlecht geführt; Sie zeigen, ob Sie seine Bedürfnisse gut oder schlecht verstehen. Gute Leserführung **schafft Vertrauen.** Und spart Ihren Usern außerdem Zeit und Geld.*

Oder, noch übersichtlicher:

Schaffen Sie Vertrauen:

Mit hervorgehobenen Worten führen Sie Ihre User

- *Im Web ist lesen nicht bequem*
- *Der User springt von Stichwort zu Stichwort*
- *Heben Sie einzelne Wörter hervor*
- *Je weniger Sie hervorheben, desto besser*
- *konzentrieren Sie sich auf die wichtigsten Wörter*

3.14.3
Gliedern Sie übersichtlich

Generell gilt: Übersichtlichkeit ist Trumpf. Wer Texte unter widrigen Umständen erfassen muss, will auf den ersten Blick die Struktur erkennen. Ist sie verschachtelt, sind die Nutzenbotschaften versteckt. Der User muss Ihre Aussagen erst suchen, um ihren Wert für sich zu prüfen. Verständlich, dass viele vorher abwinken.

Sie wollen nicht so viele User wie möglich auf Ihre Site ziehen. Sie wollen die richtigen Leser gewinnen. Zeigen Sie also schon im Aufbau Ihrer Texte, was Sie bieten: Klar strukturierte Nutzenbotschaften für Ihre Zielgruppen. Wer nicht dazugehört, braucht Ihre Site gar nicht erst zu ergründen. Das schafft Sympathie. Ihre User fühlen sich gezielt angesprochen. Sie identifizieren sich mit Ihrem Angebot. Zufällig vorbeischauende Surfer erkennen den Profi hinter Ihrer Arbeit. Das schadet nichts. Vielleicht gehören sie morgen schon zu Ihrer Zielgruppe.

Abb. 3.27
Haribo macht Kunden froh: Vorbildliche Verbraucherinforma-tionen, vorbildliche Gliederung. Da lacht sogar das Goldbärchen.

3.14.4
Kleine Häppchen schmecken besser

Unterteilen Sie Ihre Texte in Blöcke und Ihre Blöcke in Blöckchen. So schaffen Sie viele Leseeinstiege. Ein Leseeinstieg entsteht durch einen neuen Abschnitt, eine Zwischenüberschrift oder Aufzählungspunkte. Wer Ihren Text nicht von vorne liest, entdeckt das für ihn wichtige Detail vielleicht im dritten Textblock. Die Zwischenüberschrift zeigt ihm den Nutzen. Dort beginnt er gerne zu lesen, denn das Blöckchen besteht aus ganzen vier Zeilen. Kurze Textblöcke versprechen wertvolle Informationen. Wer sich kurz fasst, hat Wichtiges zu sagen.

Bildunterschriften und Kastentexte sind zusätzliche Leseeinstiege. Nutzen Sie möglichst viele dieser zusätzlichen Elemente. Sie werten Ihre Texte optisch auf und bieten zusätzlichen Nutzen.

Abb. 3.28
Norddeutsche Kanapees: Lesen Sie mundgerecht in kleinen Häppchen. Angerichtet unter <www.kieler-woche.de>.

3.14.5
Arbeiten Sie Ihre Überschriften sorgfältig aus

Ihre Überschriften entscheiden, ob und in welchen Textblock Ihr User einsteigt. Das ist offensichtlich – prüfen Sie Ihr eigenes Leseverhalten. Verblüffend: Selbst professionelle Seiten verschenken die wichtigsten Zeilen des ganzen Textes mit nichtssagenden Anreißern oder unnötigen Floskeln. Im Internet begegnen Sie gliedernden, journalistischen und werblichen Überschriften. Der Königsweg sind werbliche Überschriften, die einen Nutzen für die Zielgruppe enthalten.

3.14.5.1
Gliedernde Überschriften beschreiben die Form

Die Überschrift „Hinweis" aus unserem Beispiel in Kapitel eins ist wenig sinnvoll. Sie bestätigt, was der User ohnehin sieht. Die Überschrift gehört zur gleichen Kategorie wie „Einleitung", „Definition", „Das Problem" und „Unser Lösungsansatz". Alle diese Begriffe gliedern die Form des Textes. Unter „Einleitung" erfahren Sie, dass im folgenden Textabschnitt die Einleitung steht. Das ist Norbert Nutzwert entschieden zu wenig. Welchen Nutzen hat die Einleitung für ihn? Das sollte in der Überschrift stehen. Erst dann kann er beurteilen, ob er die Einleitung lesen will.

Heißt die Überschrift einer Einleitung „Entdecken Sie die Welt der Dinosaurier", springt der interessierte User gleich zum Textblock mit der Überschrift „Der Tyrannosaurus fraß sogar seinen Nachwuchs". Über die Lebensumstände der Dinosaurier ist er im Bilde. Zu den Fleischfressern unter ihnen sammelt er Spezialwissen. Hätte er es mühsam in der Einleitung suchen müssen, wäre er womöglich abgesprungen.

Anders läuft es beim Gelegenheitssurfer. Die Welt der Dinosaurier entdecken? Gar nicht schlecht. Er beginnt zu lesen, und die spannende Einleitung fesselt ihn vom ersten Moment an. Die Überschrift „Einleitung" hätte ihn weniger wahrscheinlich zum Lesen angeregt.

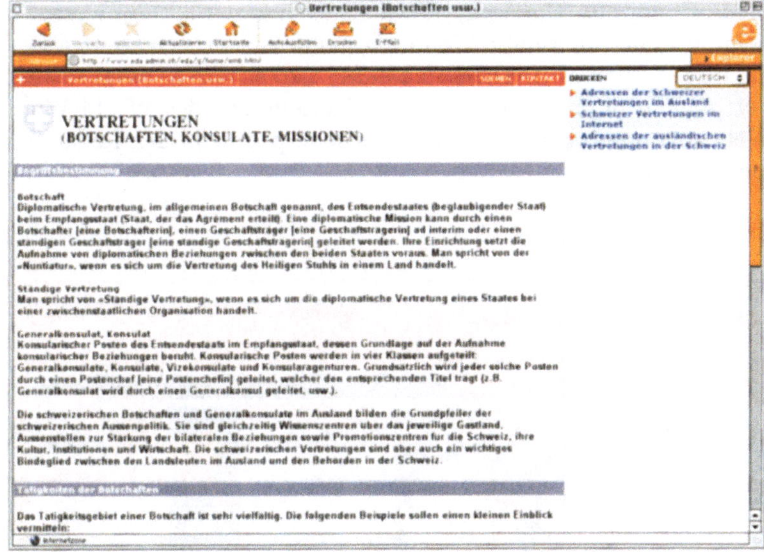

Abb. 3.29
Eidgenössisch:
<www.eda.damin.ch>
zeigt, wie ordentlich Überschriften sein können. Fürs Web sind gliedernde Überschriften leider wenig tauglich.

3.14.5.2
Journalistische Überschriften reißen an

Journalistische Überschriften arbeiten mit Schlagworten, so genannten Anreißern. Oft sind journalistische Überschriften einer Seite in Länge und Form aufeinander abgestimmt. Verschiedene Texte einer Sportseite werden dann zum Beispiel betitelt mit „Gut gespielt", „Schlecht verloren" und „Besser bewertet". Das Angebot verschiedener Texte präsentiert sich mit solchen Titelzeilen einheitlicher. Im Normalfall gehört eine erklärende Dachzeile dazu:

„Borussia:" und „Hertha BSC:". Der Vorteil journalistischer Überschriften liegt in der Kürze. Ihr Nachteil: Sie bieten keinen Nutzen.

Der Nutzen einer journalistischen Überschrift muss sich dem Leser schon über das Medium selbst erschlossen haben. Wer ein Fußballmagazin zur Hand nimmt, interessiert sich für die Bundesligaergebnisse. Der User der zugehörigen Sport-Site im Web will noch schneller zum selben Thema informiert werden. Wo die Information selbst den Nutzen darstellt, sind journalistische Überschriften hilfreich. Sie regen zum Lesen an. Und sie werben für das zugehörige Printmedium, das den Webauftritt finanziert: Den aktuellen Spielstand erfährt der Fußballfreund im Web. In der gedruckten Zeitschrift liest er später die Hintergründe nach.

Auch Online-Zeitungen werden wertvoller mit Nutzenbotschaften. Doch es kostet Zeit und Geld, journalistische Überschriften für das Internet umzutexten. Und es setzt Verständnis für das neue Medium voraus. Klassische Journalisten müssen lernen, worauf's beim Internet ankommt. Denn bis heute leisten sich wenige Redaktionen eigene Internetredakteure. Der schärfere Wettbewerb der Medien untereinander und die Konkurrenz des World Wide Web wird schon bald für neue Mitarbeiterprofile in den Redaktionen sorgen.

Abb. 3.30 Übertragungsfehler: Journalistische Überschriften in <www.bild.de> sollen zum Lesen anregen. Doch vor dem Bildschirm schmökert niemand wie in einer Zeitung. Hauptsächlich wirbt der Webauftritt für das Boulevardblatt.

Werbliche Überschriften bieten Nutzen

Werbetexter nennen ihre Überschriften Headlines. Sie enthalten immer ein aktives Tätigkeitswort, manchmal sogar in der Befehlsform. Häufig nutzen die Texter zusätzlich Signalwörter wie „jetzt", „heute", „hier", „neu" und „gratis". Und oft sprechen sie den Leser direkt an: „Profitieren Sie jetzt von unserem neuen Einsteiger-Angebot", „Gewinnen Sie noch heute einen von 100 wertvollen Preisen", „Spenden Sie jetzt Ihren Wunschbetrag".

Klingen diese Beispiele in Ihren Ohren übertrieben? Aus dem Zusammenhang gerissen mag Ihnen das so vorkommen. Erinnern Sie sich: Alle drei Headlines sind der Call-to-Action einer Botschaft. Als Autor stehen Sie hinter dieser Botschaft. Sie haben den Leser aufmerksam gemacht, Sie haben sein Interesse geweckt und den Wunsch nach Ihrem Angebot wachgerufen. Krönen Sie Ihre Arbeit mit einer wirkungsvollen Überschrift für den letzten, den wichtigsten Teil Ihrer Botschaft. Den Teil nämlich, in dem Sie zur Handlung bewegen. Norbert Nutzwert wird es ihnen danken. Er profitiert von Ihren klaren, aufmunternden Worten.

Übertragen Sie das Prinzip auf jede Überschrift und jede Zwischenüberschrift. Statten Sie jede einzelne dieser wertvollen Zeilen mit einer Nutzenbotschaft aus. Ihre Headlines profitieren von Abwechslung. Nutzen Sie immer ein Tätigkeitswort und nicht immer die Befehlsform. Sprechen Sie Ihren Leser mal direkt an und mal nicht. Fragen lockern die Abfolge Ihrer Headlines auf: „Wie viele Überschriften braucht Ihr Text?" Fragen verlangen Antworten. Der interessierte Leser bleibt dran. Noch mehr Nutzen bringt eine Aussage: „Fesseln Sie Ihre Leser mit einer Überschrift alle fünf Textzeilen."

3.14.6
Nutzen Sie Hyperlinks

Eine der aufregendsten Techniken im Internet ist der Hyperlink. Jeder leidenschaftliche Texter muss davon begeistert sein: Mit Hyperlinks führt er jeden Leser seiner Zielgruppe genau dorthin, wo er seinen persönlichen Nutzen findet. Auf diese Weise vernetzt der Autor seine Texte organisch miteinander. Im Printmedium kann er Texte nur linear verbinden. Dort liest der Leser von links nach rechts, von oben nach unten, und eine Seite folgt auf die andere. Im Web entscheidet der User, wo ein Text anfängt, wie er weitergeht und wo er endet.

Hyperlinks: Ihr Leser entscheidet

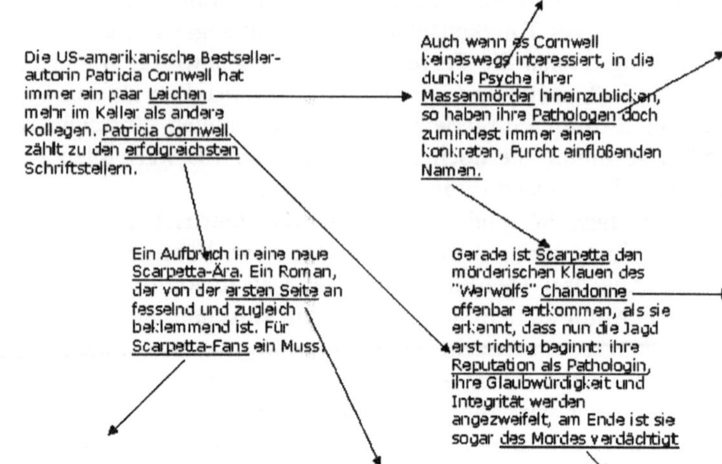

Abb. 3.31
Hyperlinks machen Spaß: Ihre User bestimmen, wo Ihr Text hinführt. Nutzen Sie diese Technik, um jeden Anwender zu seinem Nutzen zu verhelfen.

Hyperlinks sind mehr als eine Möglichkeit. Sie sind ein Muss. Nutzen Sie diese Technik, um Ihre Anwender schnell zum Ziel zu führen. Reduzieren Sie Ihre Aussagen auf das Wesentliche und verlinken Sie zu Erklärungen, Ergänzungen, Erweiterungen und Beispielen. Achten Sie darauf, dass Sie nicht mit vielen verschiedenen Begriffen auf ein und dieselbe Unterseite verlinken. Sie sollten auch nicht von ein und demselben Begriff auf verschiedene Unterseiten verlinken. Beides verwirrt den User.

Verlinken Sie richtig

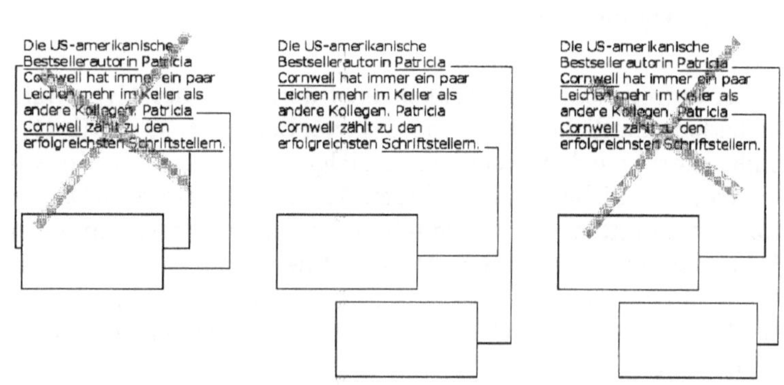

Abb. 3.32
Systematisch: Verlinken Sie mit ein und demselben Begriff immer auf ein und dieselbe Unterseite. Alles andere verwirrt den User.

3.15
Präsentieren Sie Ihre Texte mit Pfiff

Ihr Text lädt schon durch seine äußere Form zum Lesen ein. Oder auch nicht. Sie sind verantwortlich dafür – überlassen Sie die Präsentation Ihrer Texte nicht einem Programmierer oder einem Grafiker allein. Arbeiten Sie gemeinsam mit Ihrem Webteam aus, wie Ihre Aussagen am besten wirken.

3.15.1
Klare Strukturen versprechen Prägnanz

Zeigen Sie Ihren Usern auf den ersten Blick Ihre Kernaussage und die zugehörigen Aussageebenen. Geben Sie ihnen schon beim Einstieg in die Site visuelle Hilfen: Mit Pfeilen, Farben und Bildern führen Sie jeden Leser zu seinem Ziel. Flächen ohne Text- und Bildinformationen helfen Ihnen dabei. Sie sind nicht verschenkt, sondern sie verstärken als Ruheräume Ihre Textaussage.

3.15.2
Kontrastierende Farben werden schneller erfasst

Farben heben Texte hervor oder drängen sie in den Hintergrund. Sie sind ein wichtiges Gestaltungsmittel. Immer sollten Text- und Hintergrundfarbe deutlich miteinander kontrastieren. Dunkelgraue Schrift auf hellgrauem Grund verschwindet nahezu. Und doch muss nicht alles Schwarz auf Weiß sein. Untergeordnete Aussageebenen beispielsweise können Sie durch einen farbigen Hintergrund kenntlich machen. Die Schriftfarbe sollte sich deutlich abheben.

Ihre Hauptaussage ist schwarzweiß tatsächlich am besten lesbar. Wägen Sie ab zwischen Ihren Unternehmensvorgaben, gestalterischen Gesichtspunkten und der Lesbarkeit Ihrer Texte. Keinesfalls sollten Sie wichtige Texte invertieren, also zum Beispiel mit weißen Buchstaben auf schwarzem Grund schreiben. Invertierte Texte sind eine Zumutung für den Leser – auf gedrucktem Papier und erst recht im Web.

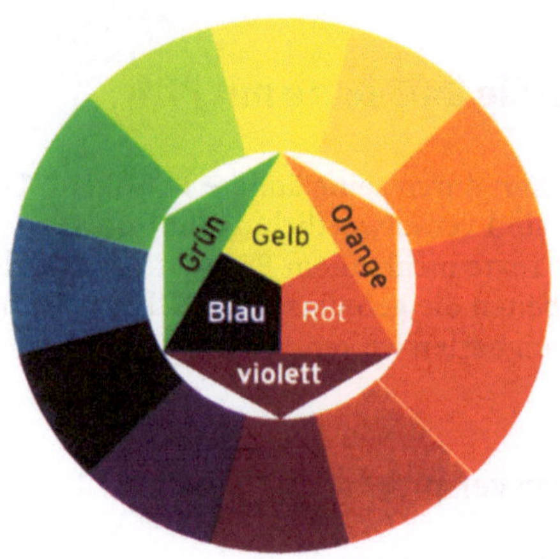

Abb. 3.33
Runde Sache: Farbkreis
nach Johannes Itten[12].

Ein hilfreiches Modell ist der Farbkreis. Im Kern des Farbkreises sind die drei Grundfarben Blau, Gelb, und Rot angeordnet. Aus den Mischungen entstehen die Sekundärfarben Grün, Lila und Orange. Mischt man Sekundärfarben mit Primärfarben, entstehen die Tertiärfarben. Vorsicht ist bei Komplementärfarben angebracht. Komplementärfarben liegen sich im Farbkreis gegenüber. Roter Text auf grünem Grund flimmert. Der optische Effekt kann je nach Empfindlichkeit des Lesers und der Einstellung der Bildschirmfarben sehr störend wirken.

3.15.3
Gemischtschreibung statt Großbuchstaben

Auf englischen Sites sehen Sie hin und wieder Überschriften und sogar Fließtexte in Großbuchstaben. Das ist OK. Für deutsche Texte gelten dagegen andere Regeln. Gemischte Buchstaben geben uns wichtige Lesehilfen. Die deutsche Sprache ist darauf ausgelegt, dass wir Hauptwörter an ihren großen Anfangsbuchstaben erkennen. Wenn Sie nur große Buchstaben verwenden, unterschlagen Sie Ihren Lesern diese wichtige Verständnishilfe.

---

[12] Itten, Johann; Schweizer Maler und Kunstpädagoge. Von 1919 bis 1923 Meister im Bauhaus in Weimar. Danach leitete er seine private Kunstschule in Bern. 1938 wurde er Direktor der Kunstgewerbeschule in Zürich.

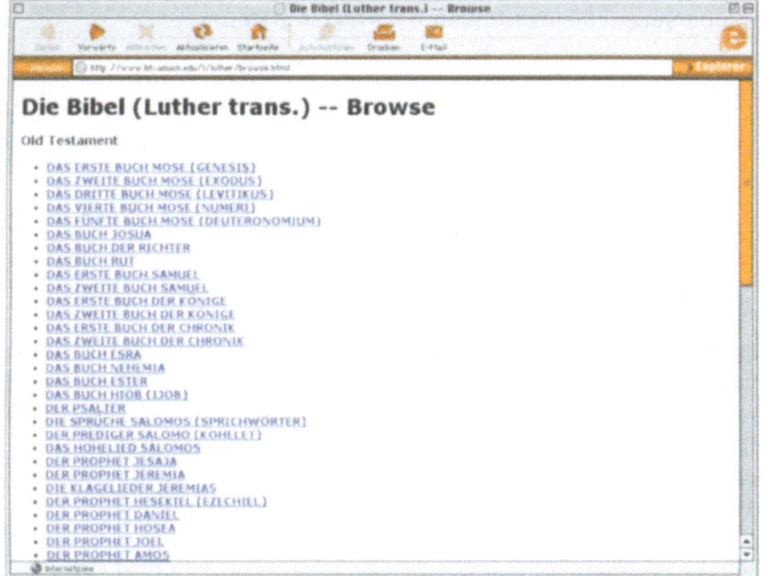

Abb. 3.34
Große Worte: Die Universität von Michigan stellte dieses „Old Testament" mit „Browse" ins Web. Gut gemeint, schlecht zu lesen: Die Großbuchstaben der Links sind sicher eins zu eins aus der englischen Fassung übernommen worden.

3.16
So stellen Sie Ihre Texte fürs Web bereit

Erleichtern Sie Ihren Kollegen im Webteam die Arbeit und reduzieren Sie die Fehlerquote, indem Sie Ihre Webtexte auch im Detail internetgerecht aufbereiten.

3.16.1
Kodieren Sie Umlaute richtig

Die meisten Webdesign-Programme kodieren Umlaute automatisch richtig. Doch Vorsicht: Wenn Sie beispielsweise unter dem Webdesign-Programm Dreamweaver Ihre Texte direkt aus einem Word-Dokument in Ihre HTML-Datei hineinkopieren, werden die Umlaute zwar richtig angezeigt, doch das Programm wandelt sie dann nicht mehr eigenständig in HTML-Code um. Im Internet erscheinen später befremdliche Kürzel. Dem können Sie leicht vorbeugen. Gehen Sie mit dem Befehl „Suchen und Ersetzen" schon durch Ihren Word-Text. Ersetzen Sie alle Umlaute und das scharfe „S" wie in der folgenden Tabelle angegeben.

ä	ä
ö	ö
ü	ü
Ä	Ä
Ö	Ö
Ü	Ü
ß	&sslig;

Das Kürzel „uml" steht für „Umlaut". Die Abkürzung „lig" heißt ausgesprochen „Ligatur". Von einer Ligatur spricht man, wenn zwei Buchstaben zu einem einzigen verbunden wurden. Das scharfe „S" entstand ursprünglich aus den Buchstaben „s" und „z". Bitte beachten Sie: Das scharfe „S" gibt es nur als kleinen Buchstaben. Als Großbuchstabe wird er mit „SS" wiedergegeben.

3.16.2
Verwenden Sie logische Formatierungen

Noch immer haben Sie wenig Einfluss darauf, was die Browser Ihrer User anzeigen. Die Formatierungen Ihrer Textvorlagen gehen gerne verloren. Je nach Browser werden sie anders wiedergegeben oder völlig ignoriert. Logische Formatierungen bieten Ihnen Sicherheit. Wenn Sie Ihre großen Überschriften dem Format „h1" und die nächst kleinere Überschrift „h2" zuordnen, machen Sie sich unabhängig. Dasselbe gilt für die Schriftgröße im Fließtext. Statt *<font size="2">wichtiger Text</font>* definieren Sie die Größe lieber relativ zur Standardtextgröße: *<font size="+1">wichtiger Text </font>*. Setzen Sie nicht mehr als drei verschiedene Textgrößen ein. Der Textaufbau bleibt dann schön übersichtlich.

Formatieren Sie Ihre Texte relativ statt absolut:

<h1>	große Überschrift
<h2>	kleinere Überschrift
<h3>	kleinste Überschrift
<font size="+1">	Vorspann
(keine Formatierung)	Standardtext
<font size="-1">	Kleingedrucktes

4 Webzielgruppen

4.1
Jeder erreicht Ihre Site

Schicken Sie Ihrem schärfsten Konkurrenten ein druckfrisches Exemplar Ihrer neuen Imagebroschüre zu? Wenig wahrscheinlich. Im Web bringen Sie ihn ganz selbstverständlich auf den neuesten Stand. Überreichen Sie den Personalvermittlern Ihrer Stadt regelmäßig die aktuelle Liste mit den wichtigsten Wissensträgern Ihres Unternehmens? Sicher nicht. Oder doch? Klar, im Internet. Jeder erreicht Ihre Site. Ein Rechner mit Modem genügt – das Web macht Ihr Unternehmen transparent.

Die Alternative: Sie schweigen sich aus. Dann erfahren auch Ihre Zielgruppen nichts über Ihre Vision, Ihre Ausrichtung, Ihre Kernkompetenzen und Ihre Leistungsfähigkeit. Oder Sie bleiben vage. Dann schreiben Sie Sätze wie:

Herzlich Willkommen, der Vorsprung einer innovativen Firma wie F. CARL SCHRÖTER in puncto Qualität und Perfektion erwächst aus ihrer erfolgreichen Praxis. Je länger also die Tradition, desto größer der Erfahrungsschatz, den wir für Ihre Pläne einbringen können. In unserem Fall sind es jetzt über 100 Jahre, in denen ein Ziel für uns oberste Priorität besitzt: die Zufriedenheit unserer Kunden.

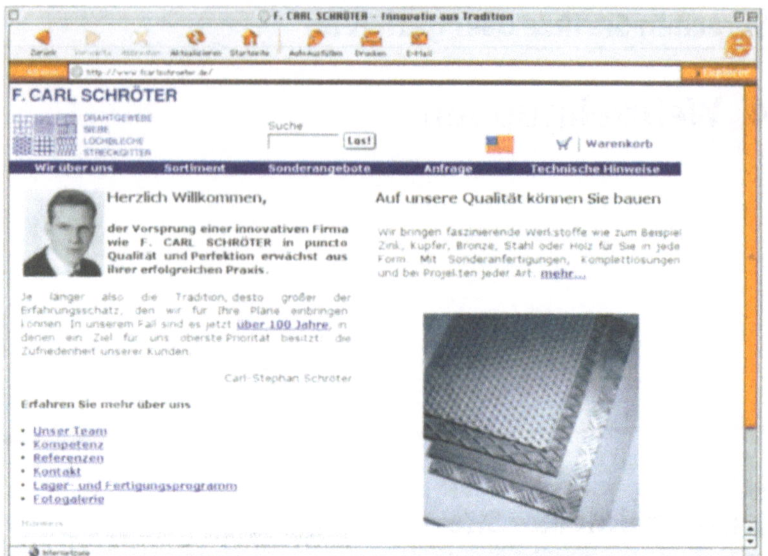

Abb. 4.1
Vage: <www.
fcarlschroeter.de>.
Zehn Textzeilen für ein
herzliches Übung-macht-
den-Meister. „Über 100
Jahre"? Genauer ging's
wohl nicht.

Internet heißt Transparenz. Im Web vage bleiben ist wie flüstern mit Megafon. Heimlichtuerei beunruhigt Ihre Zielgruppen. Offenheit schafft Vertrauen. Viele Unternehmer tun sich noch schwer mit dieser Erkenntnis. Sie reicht weit über den Webauftritt hinaus. Führen Sie den Kollegen vom Wettbewerb auf Ihrem Messestand herum? Erklären Sie ihm Stärken und Schwächen Ihrer Produkte? Trauen Sie sich, nach seiner Produktpalette zu fragen? Plauschen Sie über Zielgruppen und Märkte? Dieser Frage muss sich Ihre Geschäftsleitung stellen, bevor Sie gemeinsam die Ziele für Ihren Internet-Auftritt definieren.

4.2
Offenheit gehört zum Internet

Entsteht so etwas wie eine „Neue Offenheit" zwischen den Unternehmen? Gründe dafür gäbe es genug: Die Europäische Union wächst zusammen. Handelsbarrieren werden nach und nach aus dem Weg geräumt. Der Euro macht Preise über Staatsgrenzen hinweg vergleichbar. Der Eiserne Vorhang rostet auf dem Schrottplatz der Weltgeschichte, Europa dehnt sich nach Osten aus. Arbeitskräfte werden immer mobiler. Unser nationales Wettbewerbsrecht passt sich dem liberaleren europäischen Standard an – vergleichende Werbung zum Beispiel ist jetzt auch in Deutschland erlaubt. Seit dem Börsengang der Telekom sind Hunderttausende Bürger zu Anlegern geworden; immer mehr

Aktiengesellschaften entstanden in den letzten Jahren, die peinlich genaue Quartalsberichte vorlegen müssen.

Wer heute ohne schlüssiges Konzept ein Unternehmen betreibt, hat schlechte Karten. Auf der anderen Seite gilt: Wer weiß, was er tut, spielt am besten offen. Nichts wirkt anziehender auf Kunden, Interessenten, Geschäftspartner, Anleger, Bewerber und Meinungsmultiplikatoren als eine überzeugende Geschäftsidee. Standortvorteile, Kernkompetenzen und strategische Partnerschaften sind die Joker im Spiel.

Das Internet treibt die Globalisierung voran. Das Web ist Forum von Nachfrage und Angebot. Wer sich hier zur Offenheit bekennt, gewinnt Sympathie. Das Prinzip Transparenz ist langfristig richtig. Hat Ihr Wettbewerb niedrigere Preise? Verbessern Sie Ihre Geschäftsprozesse, produzieren Sie zu geringeren Kosten und bieten Sie günstiger an. Oder konzentrieren Sie sich mit einem hochwertigen Angebot auf zahlungskräftige Zielgruppen. Handeln ist besser als schweigen und hoffen.

4.2.1
Was dürfen Ihre Wettbewerber sehen?

Das Web erweitert auch Ihren Markt. Sie gewinnen neue Zielgruppen. Und neue Wettbewerber. Stellen Sie im Web alle Informationen zur Verfügung, die Interessenten zu Kunden, Anleger zu Geldgebern und Bewerber zu Mitarbeitern machen können. Auch dann, wenn Sie sie lieber vor Ihrem Wettbewerb verbergen möchten. Nennen Sie Ihre Preise, wenn Preise entscheidend sind. Begründen Sie Ihre Kernkompetenzen. Beschreiben Sie die Vorteile Ihrer einzigartigen Vertriebsstrategie. Keine Sorge: Bis Ihr Wettbewerb Ihre Konzepte kopiert hat, loben Sie längst neue Verbesserungen aus. Stillstand bedeutet Rückschritt. Das gilt für Ihr Unternehmen wie für Ihren Webauftritt.

4.2.2
Was erwarten Ihre Kunden von Ihrem Webauftritt?

Ihre Kunden wollen auch nach dem Kauf wissen, dass ihre Entscheidung richtig war. Auf Ihrer Website sollten Sie gute Argumente finden. Informationen zu Ihrem Unternehmen festigen die Beziehung. Vertriebsprofis wissen außerdem, dass Folgegeschäft mit einem Kunden weniger Aufwand bedeutet als Neugeschäft mit einem Interessenten. Unterbreiten Sie Ihren Kunden auf Ihrer

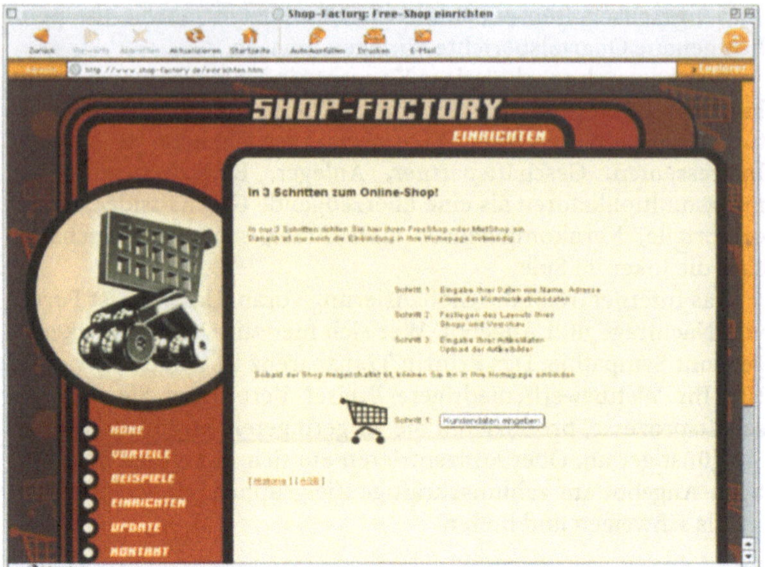

Website Angebote für Zusatzprodukte – zum Beispiel ein Sonderangebot für Staubsaugerbeutel, wenn Sie Staubsauger verkaufen.

Mit Ihrer Website verbessern Sie das laufende Geschäft durch direkte Geschäftsprozesse mit Ihren Kunden. Im Web sind Sie rund um die Uhr erreichbar. Anfragen gehen per E-Mail automatisch an die richtigen Ansprechpartner. Ihr Kunde kann Ihnen drei Minuten nach Mitternacht mit Ihrem Webformular den Auftrag Ihres Lebens erteilen. Vielleicht verkaufen Sie Ihre Produkte schon über das Internet? Wenn nicht, probieren Sie es aus. Einen kostenlosen Shop finden Sie unter <www.shop-factory.de>.

4.2.3
Was wollen Interessenten sehen?

Ihre Interessenten wollen Ihre Kunden werden. Aus genau diesem Grund kommen sie auf Ihre Seite. Helfen Sie ihnen bei der Entscheidung. Unterstützen Sie Ihre Interessenten mit vollständigen Unternehmensinformationen. Schreiben Sie die Antworten zu den Fragen auf, die ein Interessent Ihnen am Telefon stellen würde: „Wie viele Leute arbeiten denn bei Ihnen? Seit wann gibt es das Unternehmen schon? In welchen Ländern sind Sie vertreten? Welche Kunden beliefern Sie? Mit wem arbeiten Sie zusammen? Welche Erfolge können Sie vorweisen? Worin liegt Ihre Kernkompetenz? Was ist an Ihren Produkten besonders?"

Vermitteln Sie ein schlüssiges Image mit Ihrem Webauftritt. Gönnen Sie Ihren Interessenten ein umfangreiches Angebot an Produkt- und Firmeninformationen. Spezielle Neukundenangebote verringern die Einstiegshürde. Wie Ihre Kunden auch schätzen Ihre Interessenten einfache und direkte Geschäftsprozesse rund um die Uhr. Wichtiger noch als bei Kunden sind Kontaktadresse und Lageplan.

4.2.4
Was interessiert potenzielle Bewerber?

Stellenanzeigen in der Tagespresse und in Online-Stellenbörsen kosten Geld. Mit den Stellenangeboten auf Ihrer Webseite senken Sie messbar die Kosten für neues Personal. Bewerber lesen sich auf Ihrer Site in Ihr Produktspektrum ein. Sie gewinnen Einblick in Ihre Kundenstruktur. Marktinformationen, Hinweise auf Ihre Positionierung und die Strategie des Unternehmens sind wertvolle Grundlagen für das spätere Bewerbungsgespräch.

Mit Ihrer Unternehmensphilosophie geben Sie wertvolle Hinweise auf die Kultur, die zwischen Geschäftsleitung und Mitarbeitern und zwischen den Kollegen unter sich herrscht. Wer hier allzu platte Ansprüche formuliert, verliert rasch an Glaubwürdigkeit. Bleiben Sie präzise. Zeigen Sie, dass Sie sich ernsthaft um ein lebenswertes Arbeitsklima bemühen. Hat jemand in Ihrem Unternehmen je ethische Grundwerte formuliert, auf denen Ihre Arbeit basiert? Das interessiert nicht nur den Bewerber. Ein vernünftiger Anleger sieht genauso interessiert auf diese Zeilen!

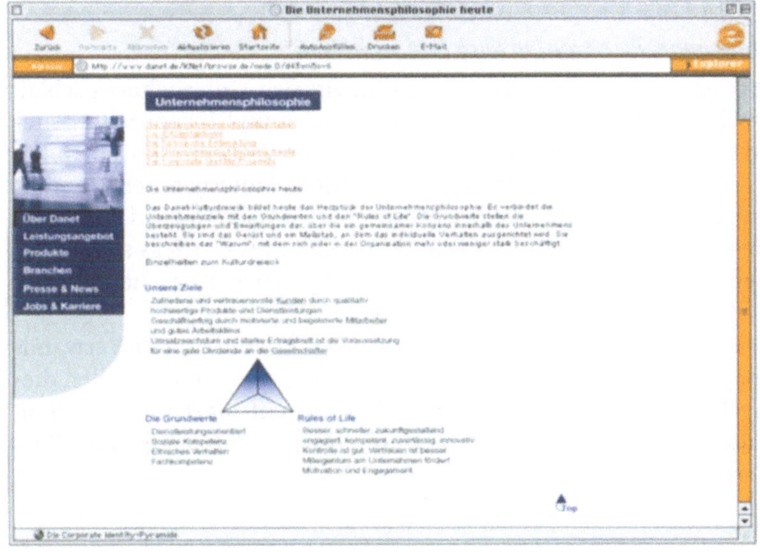

Abb. 4.3
Glaubwürdig:
Die Unternehmens-
philosophie unter
<www.danet.de>
wirkt ausgereift. Das
„Danet-Kulturdreieck"
verbildlicht die Pole,
zwischen denen sich
der Anspruch des
Unternehmens
bewegt.

Versäumen Sie nicht, neben Kontaktadresse und Lageplan auch den Ansprechpartner für Personal anzugeben. Mit einem Online-Bewerbungsformular motivieren Sie Ihren potenziellen Bewerber, sofort mit Ihnen Kontakt aufzunehmen. Verschiebt er es auf später, hat er nicht mehr den unmittelbaren Eindruck Ihrer Site. Vielleicht gibt er es sogar ganz auf.

Sorgen Sie dafür, dass jeder Einsender Ihres Bewerbungsformulars innerhalb von 24 Stunden eine Rückmeldung erhält. Es reicht ihm zu mailen, dass seine Unterlagen eingegangen sind und geprüft werden. Fügen Sie hinzu, bis wann er mit einer Antwort rechnen kann. So sieht seriöses Geschäftsgebaren im Internet aus.

Auch wenn sich der Bewerber nicht für einen Job bei Ihnen entschließt oder wenn Sie ihn nicht einstellen wollen, er kann schon morgen für Ihren besten Kunden arbeiten. Wie schön, wenn er sich da noch an Ihren ausgezeichneten Service im Internet erinnert.

4.2.5
Wonach suchen Ihre Mitarbeiter?

Ihre Stellenangebote wecken nicht nur das Interesse Außenstehender. Auch Ihre Mitarbeiter informieren sich auf den Karriereseiten Ihres Unternehmens. Steht eine neue Herausforderung an? Passen die Lebensumstände nicht mehr zum aktuellen Job? Auf Ihren Webseiten bekommen Ihre Kollegen diskret mit, welche Stellen Ihr Unternehmen zu besetzen hat. Die Absicht zu wechseln könnte ihnen in ihrer jetzigen Abteilung verübelt werden.

4.2.5.1
Stellenanzeigen werden auch intern gelesen

Wer wechseln will, sollte sich erst im eigenen Unternehmen schlau machen. Jeder interne Wechsel spart Ihnen und Ihrem Mitarbeiter Zeit und Geld. Dem Mitarbeiter, weil keine Werbungskosten anfallen und weil sein Leben bereits auf Ihren Unternehmensstandort ausgerichtet ist. Ihr Unternehmen spart, weil es sich den teuren, langfristigen und aufwändigen Personalakquise-Prozess spart. Und weil es auch morgen noch zufriedene Mitarbeiter beschäftigt. Ihre Website trägt einen Teil dazu bei.

Zufriedene Mitarbeiter erzählen ihren Freunden und Verwandten gerne, wo sie arbeiten. Und wo im Web die offenen Stellen dieses Unternehmens zu finden sind. Vielleicht fährt man ja schon bald zum selben Arbeitsplatz. Und schon wieder sparen Ihre Karriereseiten dem Unternehmen bares Geld.

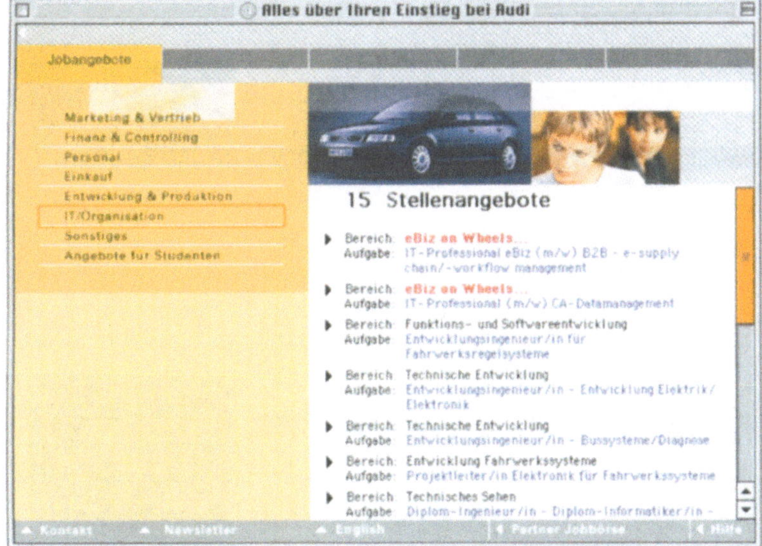

Abb. 4.4
Mobil:
Stellenangebote
bei Audi unter
<www.audi.de>.
Durchgängige Web-CI
und übersichtliche
Gliederung empfehlen
die Ingolstädter als Ar-
beitgeber. Wer schon
dort arbeitet und sich
verändern will, sucht
sicher erst intern nach
einer neuen Aufgabe.

4.2.6
Kollegen gewinnen einen schnellen Überblick

In großen Unternehmen und Konzernen findet der eine oder andere Mitarbeiter im Web einen schnellen Überblick über die verschiedenen Unternehmensbereiche. Vielleicht haben die Kollegen in „Forschung & Entwicklung" etwas Neues ausgetüftelt, das sich noch nicht bis zum „Zentralen Einkauf" durchgesprochen hat? Meistens bieten große Unternehmen zusätzlich eigene, abgegrenzte Webseiten für ihre Mitarbeiter an: das so genannte Intranet.

4.2.7
Welche Informationen bieten Anlegern einen Mehrwert?

Anleger wollen von Ihrem Unternehmen wissen, ob und wie viel Geld es erwirtschaften wird. Das ist ein anspruchsvolles Thema. Um die Interessen von Anlegern und Fonds-Managern kümmern sich in Aktiengesellschaften die so genannten Investor Relations Manager. Sie vereinen betriebswirtschaftliches, juristisches und börsenspezifisches Wissen. Die Investor Relations Manager geben vor, welche Informationen zu welchem Zeitpunkt ins Internet gestellt werden.

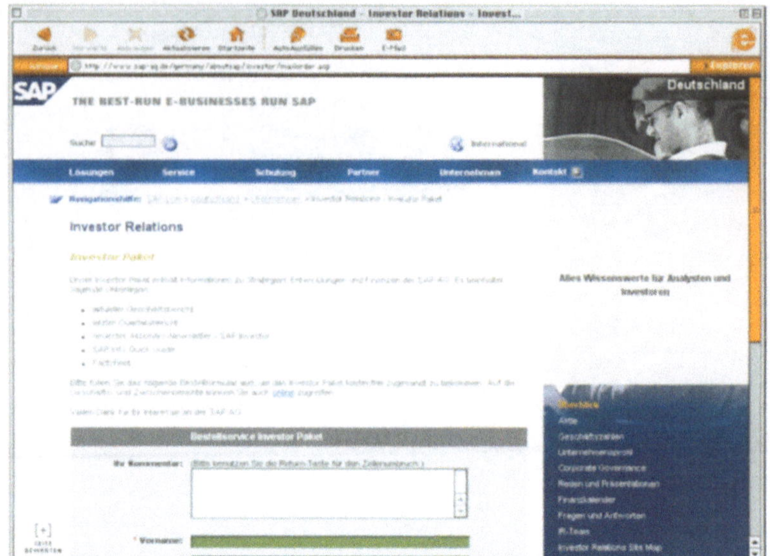

Abb. 4.5
Anlegerpflege:
<www.sap-ag.de>
informiert mögliche
Investoren mit einem
„Investor Paket" –
und erfährt bei dieser
Gelegenheit gleich
Namen, Anschrift und
E-Mail-Adresse.

Manche Informationen schreibt der Gesetzgeber börsennotierten Unternehmen zwingend vor, wie zum Beispiel die regelmäßigen Quartalsberichte und den jährlichen Geschäftsbericht. Es ist ratsam, Ihren Geschäftsbericht nicht in HTML zu übertragen sondern nur als PDF-Datei zum Download bereitzustellen. Würden sich Anleger durch einen Unterschied zwischen Print- und Webversion in die Irre geführt fühlen, kann es Klagen hageln. Dazu reichen Abweichungen im Layout, eine in die falsche Spalte gerutschte Zahl oder eine nicht von jedem Browser einwandfrei angezeigte Tabelle. Ist Ihr Unternehmen außer an einer deutschen Börse auch in den USA notiert, wird's schnell sehr heikel. Die Vorschriften beider Länder zusammengenommen lassen Ihrem Investor Relations Manager nur noch wenig Spielraum.

Üblicherweise stellt ein börsennotiertes Unternehmen neben dem Pflichtprogramm auch wichtige Rahmendaten zur Firma, Informationen über den Kurs der eigenen Aktie und über die Marktsituation ins Web. Der Anleger kann sich mit diesen Angaben einen ersten Eindruck über Risiko und Renditeerwartung verschaffen. Ein Kalender mit den Daten der öffentlichen Firmenveranstaltungen verhilft vielleicht zu einem ersten Direktkontakt.

4.2.8
Was möchten Sie Meinungsmultiplikatoren anbieten?

Meinungsmultiplikator ist jeder, dem viele Menschen zuhören. Zu dieser Gruppe von Web-Usern zählen Buchautoren, Analysten und Koryphäen jeder Fachrichtung ebenso wie beispielsweise besonders extrovertierte Mitarbeiter. Diese verschiedenartige Gruppe hat verschiedenartige Bedürfnisse. Je mehr Sie diese potenziell kritischen Geister für sich gewinnen, desto besser wird deren Urteil ausfallen. Jede vertrauensbildende Maßnahme dient diesem Ziel. Bleiben Sie ehrlich. Schreiben Sie, was Sache ist. Und belegen Sie möglichst jede Behauptung.

4.2.9
Journalisten brauchen Ihre Unterstützung

Journalisten wollen dasselbe wie Sie: ihren Lesern einen konkreten Nutzen bieten. Ihre Webseite bedient Journalisten, die ihrerseits Leser mit Informationen versorgen. Die Leserzielgruppen der Journalisten und die Zielgruppen Ihrer Website sind identisch. Die gemeinsamen Interessen liegen auf der Hand. Erleichtern Sie den Damen und Herren von der Presse das Tagesgeschäft.

Jede Pressemeldung Ihres Unternehmens sollte zeitgleich mit der Aussendung per E-Mail, Fax und Post auch ins Web gestellt werden. Erlauben Sie den Zugriff auf eine virtuelle Pressemappe mit Hintergrundinformationen zum Unternehmen, zu den Produkten und zur Geschäftsleitung.

Nennen Sie autorisierte Ansprechpartner für jeden Unternehmensbereich mit E-Mail-Adresse und Telefon. Und stellen Sie Ihren Pressesprecher vor. Ein kleines Portrait jedes Ansprechpartners im Unternehmen stimmt den Anrufer von vornherein freundlich.

Bieten Sie interessierten Journalisten hochauflösende Bilder zum Herunterladen: Fotos aus Ihrem Unternehmen, Mitarbeiter im Einsatz, Produkte, Portraits Ihrer Vorstände oder Geschäftsführer. Versuchen Sie, zu jeder aktuellen Pressemeldung mindestens eine Illustration aufzutreiben. Das erhöht Ihre Chance auf Veröffentlichung. Für den Druck in Zeitungen und Magazinen sollten Ihre Bilder mit mindestens 300 dpi aufgelöst sein.

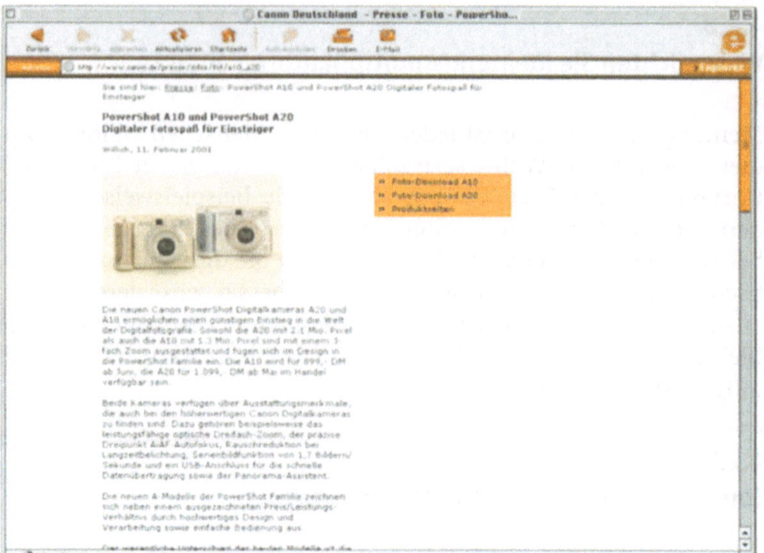

Abb. 4.6
Sind im Bilde: Canon macht's richtig unter <www.canon.de>. Pressemeldung, Produktfotos und technische Informationen freuen jeden Fachjournalisten.

Wenn Sie Journalisten einen Zeitvorsprung vor Otto Normalverbraucher lassen oder sich vor Missbrauch schützen wollen, können Sie den Pressebereich als Extranet anbieten. Dann haben nur noch registrierte und von Ihnen überprüfte Journalisten Zugang. Vor allem Marktführer und weltweite Konzerne wählen diese Option. Sie können es sich leisten. Journalisten vom Fach werden sich bei allen Wirtschaftsgrößen registrieren.

Im Zweifelsfall erweisen Sie sich mit einem abgeschirmten Webbereich für die Presse keinen Gefallen. Journalisten arbeiten häufig unter Leistungsdruck außerhalb der Bürozeiten. Wer sich kurz nach Mitternacht noch eben das Foto Ihres neuesten Produktes herunterladen möchte, fühlt sich von der Login-Prozedur verprellt. Wenn Sie sich ernsthaft schützen wollen, erteilen Sie das Passwort nämlich erst nach einem Rückruf bei der Redaktion – also mit mindestens einem Arbeitstag Verzug. Die meisten Pressevertreter werden unter solchen Umständen ganz pragmatisch vorgehen – und statt Ihrer Firma ein Unternehmen erwähnen, das sich offener zeigt.

Manche Unternehmen wählen einen Kompromiss. Sie bieten detaillierte Informationen für Journalisten in einem Unterverzeichnis mit der Bezeichnung „/presse/" an – ohne über die Navigation der Site dorthin zu führen. Zufällig wird diesen Bereich also niemand entdecken. Weberfahrene Journalisten gelangen problemlos hin.

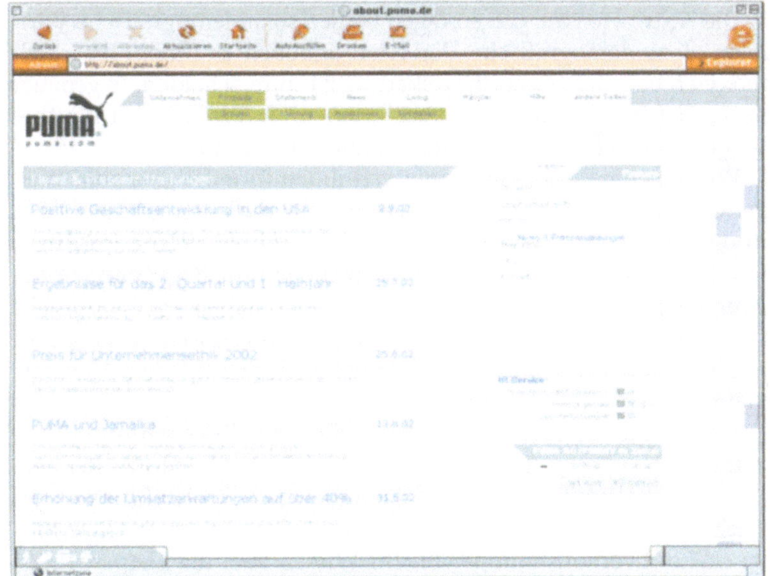

Abb. 4.7
Blass: Wenig überzeugend ist die Presseseite von <www.puma.de>. Journalisten erfahren hier nicht mehr als das, was sie ohnehin zugeschickt bekommen. Hilfreich wären hochauflösende Bilder, eine Pressemappe und zitierfähige Aussagen der Geschäftsleitung.

4.3
Segmentieren Sie Ihre Zielgruppen

An wen richtet sich Ihr Webangebot? An kleine und mittelständische Unternehmen? An deutsche Haushalte ab einem bestimmten Nettoeinkommen? An Haupt- und Realschulen? Täuschen Sie sich nicht. Keine dieser Kategorien beschreibt Ihre Zielgruppe sinnvoll. Unternehmen surfen nicht. Haushalte haben keine Augen. Haupt- und Realschulen klicken nicht auf Maustasten. Ihr Webangebot richtet sich immer an Menschen: Sie sprechen kaufmännische Leiter in kleinen und mittelständischen Unternehmen an oder die Entscheider in Haushalten ab einem bestimmten Nettoeinkommen oder die Direktoren von Haupt- und Realschulen.

Diese Erkenntnis ist wesentlich. Sie erleichtert Ihre Arbeit und bewahrt Sie vor Irrtümern. Stellen Sie sich die Menschen vor, die Sie erreichen wollen. Wie alt sind sie? Sprechen Sie mehr Frauen an oder mehr Männer? Wo wohnen Ihre Zielpersonen? Über welche Bildung verfügen sie? Wie viel Geld steht ihnen zur Verfügung? Wie verbringen sie ihre Freizeit? Wann, wo und wie nutzen sie das Internet? Was ist ihnen wichtig im Leben? Welche Werte bestimmen ihre Entscheidungen? Welche Besonderheiten kennzeichnen sie?

Die Antworten auf diese Fragen heißen soziodemografische Variablen. Soziodemografische Variablen erlauben es Ihnen, Ihre Zielpersonen von der Gesamtbevölkerung zu unterscheiden. Je genauer Sie unterscheiden, desto präziser können Sie den Nutzen für Ihre Zielgruppen definieren. Und darauf kommt es an im Web.

Welche gemeinsamen Nenner verbinden Ihre Zielgruppen? Welche Unterschiede gibt es? Viele dieser Informationen können Sie in Studien nachlesen. Recherchieren Sie im Internet, welche Studien es bereits gibt. Greifen Sie auf Ihre Erfahrungen bei Begegnungen mit Ihrer Zielgruppe zurück. Welche Eindrücke haben Ihre Gespräche mit Kunden und Interessenten bei Ihnen hinterlassen? Was hat Sie verblüfft, was bestätigt? Fragen Sie die Kollegen aus dem Vertrieb. Niemand kennt Ihre Kunden besser.

Nutzen Sie Ihr Bauchgefühl. Sie haben oft eine bestimmte Vorstellung von einem Menschen, ohne den Grund genau zu kennen. Vielleicht haben Sie hier und da unbewusst Beobachtungen gemacht, die Ihnen dieses Bild vermitteln. Überprüfen Sie Ihre Eindrücke und vervollständigen Sie Ihr Wissen über die Zielpersonen.

Das wichtigste ist es, mit Ihren Zielgruppen in Kontakt zu bleiben. Motivieren Sie Ihre Kunden mit Gewinnaktionen, Antwortformularen und aktiven Aufforderungen, mit Ihnen in Verbindung zu treten. Reagieren Sie auf jede Rückmeldung zu Ihren Webseiten, sei es per E-Mail, Telefon oder Post.

Nach und nach gewinnen Sie ein klares Gefühl für Ihre Zielgruppensegmente. Jedes Segment unterscheidet sich durch eindeutig beschreibbare Faktoren. Definieren Sie Haupt- und Nebenzielgruppen. Beschreiben Sie den Bedarf. Legen Sie fest, wie Sie die Erwartungen Ihrer Zielgruppen an Ihren Webauftritt erfüllen.

Ein Beispiel für Zielgruppensegmentierung nach statistischen Angaben:

Die Stadt Havelberg plant einen Webauftritt. Ziel ist es, die Stadt für Einwohner und Gewerbetreibende attraktiver zu gestalten. Geplant sind Informationsangebote, Veranstaltungskalender, Online-Fahrpläne von Bussen und Bahnen, ein Formularservice der Gemeindeverwaltung und ein Bürgerforum zum freien Meinungsaustausch. Die Site soll sich mittelfristig über Werbeeinnahmen finanzieren.

Als Werbepartner will Projektmanager Thomas Bosenkamp möglichst viele Havelberger Einzelhändler und Gaststättenpächter gewinnen. Als Endverbraucherzielgruppe definiert er alle Bürger der Stadt. Alle? Nein. Säuglinge surfen nicht. Also legt er fest: alle Bürger von 7 bis 97 Jahre. Das sind nach Auskunft des Einwohnermeldeamtes 16.498 Personen.

*Diese Zielgruppe segmentiert Thomas Bosenkamp weiter anhand
der statistischen Vorgaben:*

1. Beschäftigung:
a)   24 % Schüler und Auszubildende
*   Gesamtzahl: 3.960 Personen*
b)   43 % Berufstätige
*   Gesamtzahl: 7.094 Personen*
c)   8 % Arbeitslose
*   Gesamtzahl: 1.320 Personen*
d)   25 % Rentner
*   Gesamtzahl: 4.125 Personen*
Summe: 16.499 Personen.

*Der zusätzliche Einwohner von Havelberg ist das Ergebnis ge-
rundeter Zahlen.*

2. Lebenssituation:
a)   22 % Kinder im Elternhaus
*   Gesamtzahl: 3.630 Personen*
b)   31% Einpersonenhaushalte
*   Gesamtzahl: 5.114 Personen*
c)   47 % Als Paar oder Familie zusammenlebend
*   Gesamtzahl: 7.754 Personen*
Summe: 16.498 Personen

3. Wohnsituation:
a)   72 % Mieter
*   Gesamtzahl: 11.879 Personen*
b)   28 % Eigenheimbewohner
*   Gesamtzahl: 4.619 Personen*
Summe: 16.498 Personen.

*Die 43 Prozent Berufstätigen von Havelberg unterteilt der Pro-
jektmanager in*
a)   14 % Selbstständige
*   Gesamtzahl: 993 Personen*
b)   86 % Angestellte
*   Gesamtzahl: 6.101 Personen*
Summe: 7.094 Personen.

*Die Unterscheidung in „männlich" und „weiblich" interessiert
Thomas Bosenkamp zunächst nicht. Keines der bis jetzt geplanten Angebote ist geschlechtsspezifisch. Das kann sich später än-*

*dern, wenn die Stadt zum Beispiel spezielle Seiten für alleiner-
ziehende Mütter ins Web stellen möchte. Thomas Bosenkamp
wird seine Zielgruppe spätestens dann auch nach diesem Merk-
mal segmentieren.*

*Zwischen den Zielgruppensegmenten sind Überschneidungen
möglich. Aus den Zahlen liest der Projektmanager beispielsweise,
dass statistisch gesehen 308 beruflich Selbstständige in Havelberger Single-Haushalten leben; nämlich 31 Prozent von 993 Personen. Zahlen wie diese sind natürlich nur Näherungswerte. Die
Eigenschaft „im Einpersonenhaushalt wohnend" muss sich nicht
mit der gleichen statistischen Häufigkeit auf das Zielgruppensegment „selbstständige Berufstätige" auswirken wie auf die gesamte Bevölkerung der Stadt.*

*Thomas Bosenkamp nutzt die auf diese Weise hochgerechneten
Werte als Peilmarke, wenn er zum Beispiel einen Werbepartner
als Sponsor für die Havelberger Site gewinnen will: Selbstständige berufstätige Singles können als interessantes Zielgruppensegment für, sagen wir mal: Mikrowellengeräte und Fertiggerichte
oder für die Restaurants in und um Havelberg betrachtet werden. Selbstständige berufstätige Singles haben wenig Zeit und
kümmern sich selbst um ihr Essen.*

*Doch davor interessiert Thomas Bosenkamp, wie viele Havelber-
ger er mit dem neuen Webauftritt überhaupt erreichen kann. Er
segmentiert nach dem Kriterium „Internetnutzer" und „Nicht-
nutzer". Aus der Online-Ausgabe des Magazins Spiegel erfährt
er: „42 Prozent der Deutschen nutzen das Internet, bei den Jugendlichen sogar über 50 Prozent"[13]. Der Projektmanager überträgt diese Werte auf Havelberg und kommt zu folgenden Ergebnissen:*

Zielgruppen- segment	Gesamt- größe	Internetnutzer		Nichtnutzer	
Havelberger von 7 bis 97	16.498	42 %	6.929	58 %	9.569
Schüler und Auszubildende	3.960	51 %	2.020	49 %	1.940
Berufstätige Selbstständige	993	39 %	387	61 %	606

---

[13] Spiegel Online am 3. September 2002.

Berufstätige					
Angestellte	6.101	39 %	2.380	61 %	3.722
Arbeitslose	1.320	39 %	515	61 %	805
Rentner	4.125	39 %	1.609	61 %	2.516
Kinder im Elternhaus	3.630	46,5 %	1.688	53,5 %	1.942
Allein lebend	4.115	41 %	1.687	59 %	2.428
Zusammenlebend	7.754	41 %	3.179	59 %	4.575
Mieter	11.879	42 %	4.989	58 %	6.890
Eigenheimbesitzer	4.619	42 %	1.940	58 %	2.679

Die Prozentangaben für die Havelberger insgesamt überträgt Thomas Bosenkamp direkt: 42 Prozent Web-User stehen 58 Prozent Nicht-Usern gegenüber. Unter „Schüler und Auszubildende" vermutet der Projektmanager die überdurchschnittlich repräsentierten Jugendlichen. Die Angabe „über 50 Prozent" übersetzt er mit 51 Prozent.

Schüler und Auszubildende stellen 24 Prozent der Havelberger Bevölkerung. Damit das Verhältnis zum Rest der Zielgruppe wieder stimmig wird, errechnet Thomas Bosenkamp je 39 Prozent Internet-User unter Berufstätigen, Arbeitslosen und Rentnern. Unterm Strich ergibt das wieder 42 Prozent Internet-User in der Gesamtbevölkerung von Havelberg.

Etwas ungenauer fällt die Anzahl der Kinder im Elternhaus mit Internet-Zugang aus. Unser Projektleiter findet keine Angaben darüber, wie viele der Schüler und Auszubildenden in eigenen Haushalten leben. Er weiß außerdem nicht, ab welchem Alter Kinder und Heranwachsende als „Jugendliche" im Sinne der Spiegel-Angabe gelten. Er schätzt, dass die Hälfte der 22 Prozent Kinder im Elternhaus zu den überdurchschnittlich das Internet nutzenden Jugendlichen zählen.

Also bildet er das arithmetische Mittel aus 51 Prozent und 42 Prozent. Das ergibt 46,5 Prozent. Bei den übrigen Segmenten aus dem Block „Lebenssituation" bleiben dann noch je 41 Prozent Internet-User übrig, wenn der gesamte Block unterm Strich wieder 42 Prozent Internet-User aufweisen soll.

Von unseren 308 beruflich Selbstständigen in Havelberger Single-Haushalten nutzen statistisch gesehen also 39 Prozent das Internet. Das sind gerade mal 120 Personen, von denen wiederum nur ein bestimmter Prozentsatz die Havelberger Webseiten errei-

chen werden. Wird die Pizzeria im Stadtzentrum unter diesen Bedingungen ein Banner schalten? Thomas Bosenkamp wird die Kernzielgruppe um Segmente aus anderen Bevölkerungsteilen erweitern, die Klickraten messen und den Preis für Bannerwerbung anpassen. Mit diesen guten Argumenten wird er den Restaurantbesitzer gewinnen.

4.4
Analysieren Sie den Bedarf

In den Zielen für Ihren Webauftritt beschreiben Sie, was Sie erreichen wollen. Wie Sie das am besten tun, erfahren Sie ausschließlich von Ihren Usern. Dazu segmentieren Sie Ihre Zielgruppen. Sie ordnen soziodemografische Variablen zu. Sie erkennen Muster, bestimmen Gemeinsamkeiten und Unterschiede. Sie legen Erfahrungswerte zugrunde, werten Statistiken aus und befragen Mitglieder Ihrer Zielgruppen systematisch und stichprobenartig.

Jetzt beginnt eine Ihrer spannendsten Aufgaben. Sie prüfen, welches Ihrer Angebote Sie auf welche Weise an welches Zielgruppensegment richten. Das erste Kriterium dafür ist der Nutzen. Das zweite Kriterium ist der Bedarf. Dazwischen steht die Erwartungshaltung Ihrer User.

Wie wird der Pächter der Havelberger Pizzeria auf Thomas Bosenkamps Angebot reagieren? Das hängt stark von seinen persönlichen Erfahrungen und Erwartungen ab. Mario Corelli hat die Pizzeria im Stadtzentrum vor sieben Jahren übernommen. Seitdem arbeitet er mit einem computergestützten Kassensystem. Er ist offen für Neues. Privat nutzt er einen PC mit Internet-Zugang. Allerdings nur sehr selten, wie er im Gespräch mit Thomas Bosenkamp betont. Er hält sich ja meistens im Lokal auf.

E-Mail ist für Mario kein Medium – seine Freunde kommen einfach auf einen Caffè Corretto zu ihm in die Pizzeria. Und seine Gäste? Mario weiß nicht, ob sie im Internet surfen. Was er dagegen sicher weiß: Wenn er seine legendäre Pizza Dieci Funghi zum halben Preis anbietet, ist das Lokal gefüllt. Laufkundschaft: Passanten, die die große Tafel im Eingang sehen. Seine Marge macht er dann über die Getränke. Geld für ein Banner ausgeben? Nein, das kommt für Mario nicht in Frage.

Thomas Bosenkamp ist ernüchtert. Er plant Folgendes: Zunächst wird er Endverbraucher an die neue Havelberger Site binden. Anhand der Zugriffe wird er potenziellen Werbepartnern wie Mario Corelli den Nutzen der Online-Werbung dokumentieren. Ein gutes Stück Arbeit liegt vor ihm.

4.4.1
Prüfen Sie die Erwartungshaltung

Thomas Bosenkamp will die Jugendlichen von Havelberg an die neue Website binden. Dazu wird er sie über die Open Air-Konzerte im Stadtpark informieren. Der Nutzen liegt auf der Hand. Der Projektmanager überlegt weiter: Möchten sie nebenbei auch unterhalten werden? Sind sie das von Jugendseiten gewohnt? Wollen sie die Tickets zu den Veranstaltungen gleich im Web bestellen? Am besten mit Vorab-Hörproben im MP3-Format? Wenn ja, verfügen sie über Kreditkarten oder funktioniert das bei dieser jungen Zielgruppe besser per Nachnahme?

Wollen die User nach den Konzerten diskutieren? Sollte unser Projektmanager den Havelberger Jugendlichen auf seiner Website ein Forum bieten, auf dem sie sich miteinander austauschen? Welche weiteren Zusatznutzen erwarten sie? Möchten sie die CDs der Musiker bestellen, die sie am Abend vorher gehört haben? Vielleicht möchten Sie auch Informationen über Konzerte aus der nahegelegenen Kreisstadt – am besten gleich mit einem Schwarzen Brett für Mitfahrgelegenheiten und Konzertbekanntschaften?

Gehen Sie nicht davon aus, was Sie Ihren Usern bieten wollen. Nehmen Sie das vorweg, was Ihre User suchen: Das Gilchinger Ladengeschäft „Schnick-Schnack" ist im Internet vertreten, wie viele andere Geschäfte auch. Wenige Einzelhändler verfolgen mit ihren Webauftritten ein messbares Ziel. Schnick-Schnack-Geschäftsführer Dirk Angermann will seine Bekanntheit steigern und den Umsatz erhöhen. Dazu hat er seine Website um einen Kartenbestellservice erweitert. Unter <www.schnick-schnack.net> ordern die Gilchinger seitdem ihre Konzertkarten online. Ein echter Mehrwert. Weltweite Suchmaschinen haben das Ihre dazugetan. Inzwischen schickt Dirk Angermann seine Konzertkarten bis nach Tschechien.

Was erwarten Ihre User am dringendsten von Ihrer Site? Wünschen sie sich

- Information?
- Unterhaltung?
- Rückversicherung?
- Kontakt?
- Integration?
- Anerkennung?
- Bestätigung?

- Austausch?

- Kaufmöglichkeiten?

- Inspiration?

- Warnung?

- Lebenshilfe?

- Beratung?

- Support?

- Neuigkeiten?

Ergänzen Sie diese Liste nach Belieben. Und prüfen Sie kritisch, was für Ihre User im Vordergrund steht. Brauchen Sie den Button „Neuigkeiten aus dem Unternehmen" tatsächlich auf Ihrer Site? Oder geht es Ihren Usern um schnellen Support für ein komplexes Produkt? Befragen Sie Ihre Zielgruppen systematisch. Und messen Sie die Klickraten. Die große Mehrheit der Webseiten sähe anders aus, wenn ihre Betreiber diese Regeln beherzigten.

4.5
Motivieren Sie Ihre Zielgruppen

Ihre vornehmste Aufgabe im Web ist es, sich das Vertrauen Ihrer User zu verdienen. Gleich an zweiter Stelle rangiert Ihr Ziel, Menschen zu bewegen. Begeistern Sie Ihre User. Bringen Sie Ihre Zielgruppen dazu, den größtmöglichen Nutzen aus Ihren Webseiten zu ziehen. Ihr Job ist es dafür zu sorgen, dass alle Beteiligten davon profitieren.

4.5.1
Pull- und Push-Techniken

Ihre Website bietet Usern konkreten Nutzen. Von diesem Nutzen profitieren Ihre User, wenn sie sich zu Ihrer Site durchklicken. Sie stellen beispielsweise einen Newsletter mit wichtigen Informationen für Ihre Zielgruppe zum Herunterladen auf Ihre Site. Ihre User holen sich diesen Vorteil ab. Webprofis sprechen von Pull-Technik. Das englische „to pull" heißt auf deutsch „ziehen".

Fragen Sie Ihre User doch einfach, ob Sie ihnen den Newsletter zuschicken sollen. Kostenlos, versteht sich, als Service des Hauses. Ihre User geben die E-Mail-Adresse ein und schon erhalten sie regelmäßig die nutzbringenden Informationen. Dieses Vorgehen heißt in Fachkreisen Push-Technik, abgeleitet vom englischen „to push", zu deutsch „schieben".

Push-Techniken haben den nordamerikanischen Teil des Internets längst erobert. Auch in Asien sind sie verbreitet. Jetzt sind sie in Europa im Kommen. Der Vorteil für Sie als Betreiber: Sie bringen sich auf angenehme Weise regelmäßig bei Ihren Zielgruppen in Erinnerung. Verschicken Sie jedoch niemals ungebeten werbliche E-Mails. Diese so genannten Spam-Mails verärgern den Adressaten.

Wer beispielsweise einmal in einen koreanischen Verteiler hineingeraten ist, kann seine E-Mail-Adresse abmelden. Oder er erträgt täglich zwischen zehn und zwanzig unerwünschte, unverständliche Werbemails mit zum Teil beachtlichen Datenmengen. Da die Versender solcher Werbefluten bei jeder Aussendung eine andere Absenderadresse benutzen, hilft nicht einmal der Spam-Filter des E-Mail-Programms weiter. Auch die Spam-Listen der großen Internet Service Provider sind machtlos.

Auf keinen Fall wollen Sie mit solchen Praktiken in Verbindung gebracht werden. Halten Sie sich konsequent an die gesetzlichen Vorschriften. Sie verbieten es Ihnen, ungefragt Werbe-E-Mails zu versenden. Eine Ausnahme bilden Adressaten, mit denen Sie bereits in Geschäftsbeziehung stehen. Auch dieser Personenkreis bevorzugt E-Mails, die er bestellt hat.

4.5.2
Push mit Erlaubnis: Permission E-Marketing

Das so genannte Permission E-Marketing setzt auf die ausdrückliche Zustimmung der Zielpersonen. Das englische „permission" heißt auf deutsch „Erlaubnis". Diese neue Push-Technik ergänzt das Prinzip der klassischen Werbung um eine wesentliche Komponente.

Klassisch versuchen Werbetreibende, so viele Menschen wie möglich zu erreichen. Jedem Medium werden bestimmte Reichweiten und Streuverluste zugeordnet. Das beste Kosten-Nutzen-Verhältnis bestimmt die Medienwahl. Ziel ist es, von den so erreichten Menschen möglichst viele vom Angebot zu überzeugen und zum Kauf zu bewegen.

Permission E-Marketing will nicht möglichst viele, sondern nur die richtigen Personen erreichen. Richtig in dem Sinne, dass ihnen das Angebot konkreten Nutzen bringt. Wenn Ihre Information ausdrücklich erwünscht ist, steigt die Quote der positiven Reaktionen enorm.

Jede E-Mail bringt eine gewünschte Information und fragt weitere Interessen ab. Der User wird auf diese Weise immer spezifischer informiert. Der Anbieter verfeinert das Profil jedes einzelnen Users und erspart seiner Zielgruppe unnütze Angebote. Der Adressat versteht das Prinzip und stimmt ihm ausdrücklich zu.

Jede der erwünschten E-Mails sollte die Möglichkeit enthalten, das E-Mail-Abonnement per Mausklick abzubestellen. Der Betreiber stellt dadurch sicher, dass jeder einzelne Abonnent aktives Interesse hat. Wer sich abmeldet, erhält keine E-Mail mehr. Daran sollte sich der Versender eisern halten.

---

[14] Schwarz, Torsten (2001): *Permission Marketing macht Kunden süchtig.* Würzburg.

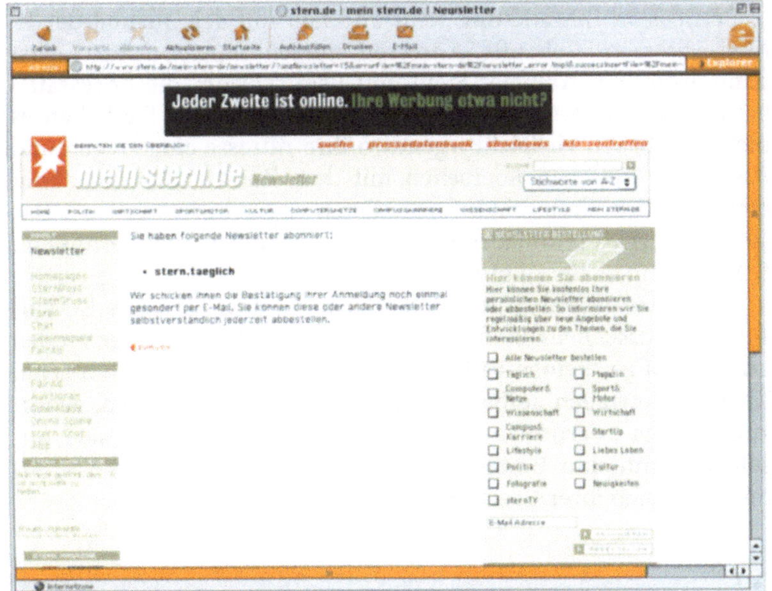

Abb. 4.9
Vorbildlich: Wer einen E-Mail-Newsletter von <www.stern.de> bestellt, wird per E-Mail benachrichtigt. Gleichzeitig wird ausdrücklich auf die Möglichkeit der Abbestellung hingewiesen. Im Vordergrund steht die freie Entscheidung des Users.

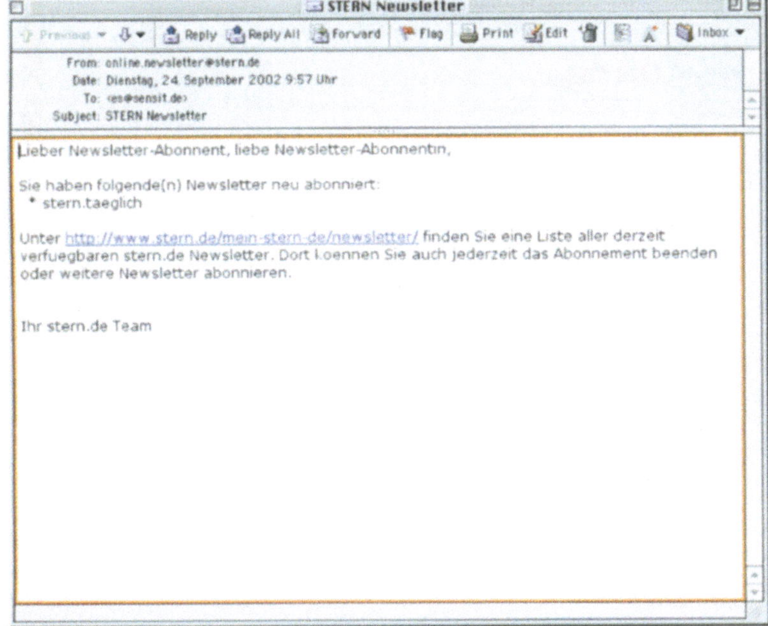

Abb. 4.10
Bitte nicht stören: die E-Mail-Bestätigung von <online.newsletter @stern.de> zeigt deutlich das Bedürfnis, nur erwünschte Newsletter zu verschicken.

Permission E-Marketing steht und fällt mit der Qualität der E-Mail-Adressen. Gekaufte Adressen nutzen Ihnen nichts. Selbst dann, wenn der Anbieter Stein und Bein schwört, die Adressaten hätten die Zustimmung zum E-Marketing gegeben. Sie haben es nicht. Sie haben vielleicht irgendwo ihre Adresse eingetragen und das kleine Kästchen übersehen mit dem Zusatz: „Ich bin damit einverstanden, dass mir Informationen zugeschickt werden". Das ist wenig seriös und hat mit dem Grundgedanken von Permission E-Marketing nichts zu tun.

Sie sollten jedem Adressaten zusichern, dass Sie seine E-Mail-Adresse ausschließlich für dieses eine Abonnement verwenden und sie auf gar keinen Fall an Dritte weitergeben. Das gehört zum Thema „Vertrauen aufbauen". Dass Sie sich daran halten, gehört zum Thema „Vertrauen verdienen". Langfristig werden sich nur solche Permission E-Marketing-Anbieter durchsetzen, die seriös mit den Daten ihrer User umgehen.

*Abb. 4.11
Willkommen:
Der Spiegel-Newsletter
„Der Tag" begrüßt
seine Leser nach dem
Login persönlich. Sie
können sich auch ano-
nym registrieren. Da-
nach bestimmen Sie,
um welche Uhrzeit Ih-
nen das tägliche Nach-
richten-Update zugeht.*

4.6
Steuern Sie den Zugriff

Das Internet ist Bibliothek, Treffpunkt und Arbeitsplatz für hundert Millionen Menschen auf der ganzen Welt. Nicht jede Bibliothek ist für jedermann geöffnet. Viele Treffpunkte sind nur wenigen Menschen bekannt. Und Arbeitsplätze bleiben Unbefugten in der Regel verschlossen.

Das Wesen des Internet ist Transparenz und Interaktion. Doch allzuviel Durchsichtigkeit kann auch schädlich sein. Halten Sie die Balance. Geben Sie nur solche Informationen preis, die Ihren Zielgruppen nutzen. Begrenzen Sie den Zugriff auf Wissen, das missbraucht werden könnte: Sorgen Sie dafür, dass sensible Daten Ihrer User nicht von Dritten eingesehen werden. Schützen Sie den Wertschöpfungsprozess Ihrer Kollegen und Geschäftspartner vor unbefugtem Zugriff. Erweisen Sie sich des Vertrauens würdig, das Ihnen Ihre User entgegenbringen. Das ist alles eine Frage von Organisation und Technik.

4.6.1
Das Internet ist nicht anonym

Ihre Zugriffsstatistiken sind aussagekräftig. Sie erfahren nicht nur, wie viele User sich wann und wo auf Ihrer Site aufgehalten haben. Sie bekommen auch heraus, aus welchen Ländern und von welchen Servern aus sie auf Ihre Website gekommen sind. Sie entdecken auf diese Weise zum Beispiel, dass sich User von einem potenziellen Partnerunternehmen nach Ihrem ersten Gespräch bei Ihnen eingeloggt haben. Dieses Interesse ist eine angenehme Bestätigung für Ihre Arbeit.

Technisch gesehen ist allerhand möglich. Sie können mehr über Ihre User erfahren als vielen von ihnen bewusst ist. Der Datenschutz setzt einen Riegel davor. Sie dürfen keine personenbezogenen Daten speichern, ohne bei den Betroffenen die Erlaubnis dafür eingeholt zu haben. Sie dürfen zum Beispiel nach einer E-Mail-Aktion nicht auswerten, ob und wohin eine bestimmte Person aufgrund Ihres E-Mails geklickt hat. Erlaubt ist dagegen die Feststellung, wie viele Menschen nach Ihrer Aktion zusätzlich auf Ihre Site gekommen sind.

Gut, dass es solche Gesetze gibt. Sie schützen uns vor der Willkür von Geschäftemachern. Sie selbst haben es nicht nötig, elektronische Spuren zu verfolgen. Ihre User vertrauen Ihnen. Namen, Adressen und Interessen teilen Ihnen Ihre User mit, wenn Sie das

Vertrauen verdienen. Ihre Website beweist in Form und Inhalt, dass Sie ausschließlich im Sinne Ihrer User handeln.

4.6.2
Ein Intranet erleichtert großen Firmen die Kommunikation

Ein Intranet ist ein geschlossenes Computernetz innerhalb einer Organisation, das auf der Internet-Technologie basiert. Zugriff haben nur Angehörige des Unternehmens. Um das Netzwerk vor Angriffen vom Internet aus zu schützen, werden so genannte Firewalls installiert. Firewalls sind Programme, die Hackern das Leben schwer machen sollen. Berechtigte User loggen sich mit Benutzeridentifikation und Passwort ein. Eine klassische Schwachstelle bilden mobile Geräte von Außendienstmitarbeitern. Auch frustrierte oder verärgerte Mitarbeiter stellen ein Sicherheitsrisiko dar.

Ein Intranet eine feine Sache. Was früher gesucht, erfragt und mühsam mit der Hauspost gebracht wurde, liegt jetzt für jeden Mitarbeiter direkt am Arbeitsplatz parat. Auch solche Informationen, nach denen vielleicht gar nicht erst recherchiert worden wäre: In welchem Gebäude sitzt Kollege Müller, mit dem ich so häufig telefoniere? Wie viele Mitarbeiter sind im Düsseldorfer Werk tätig? Gibt es eine Warteliste für Tiefgaragenplätze? Wird am Freitag in der Kantine wieder Milchreis serviert? Welche Freizeitgruppen gibt es im Unternehmen? Alle diese Dinge fördern die Identifikation, machen den Arbeitsplatz menschlich. Sie sind wertvoll.

Dennoch wird das Intranet in der Regel mit weit weniger Aufmerksamkeit gepflegt als der für jeden zugängliche Webauftritt. Oft läuft das so ab: Jede Abteilung im Unternehmen benennt einen mehr oder weniger begeisterten Intranet-Verantwortlichen. Bei ihm laufen die Beiträge der Kollegen zusammen. Wann und in welcher Form er sie ins Intranet stellt, ist nicht festgelegt.

Das Mitteilungsbedürfnis fällt unterschiedlich aus. Bald schon dominieren die Intranetseiten der Meinungsführer im Unternehmen, auch wenn sie in strategisch wenig bedeutenden Bereichen arbeiten. Insgesamt wird viel zu viel unaufbereitet ins Netz gestellt. Die Folge: Schon in kurzer Zeit wächst ein undurchdringlicher Datendschungel heran, in dem die Mitarbeiter mehr Zeit verlieren als gewinnen.

Für das Intranet gelten dieselben Regeln wie für den allgemeinen Webauftritt. Der Nutzen steht im Vordergrund. Inhalte müssen spezifisch aufbereitet sein. Der wesentliche Unterschied liegt in der Klicktiefe. Ein Intranet-User erwartet mehr Details und mehr Nutzen als die Betrachter der allgemeinen Website. Dafür investiert er mehr Zeit in die Suche.

Das Intranet soll dem Unternehmen Geld sparen helfen. Deshalb ist es sinnvoll, einen zentralen Intranet-Manager zu benennen. Je mehr er seinen Kollegen das Finden erleichtert, desto wertvoller wird die interne Plattform. Jede gewonnene Sekunde kann wesentlich wertschöpfender genutzt werden. Je größer die Anzahl der Mitarbeiter, desto mehr gewonnene Zeit.

Fünf Regeln für ein erfolgreiches Intranet

1. Fragen Sie sich: Was ist notwendig, um die Ziele der Organisation zu fördern? Was sind die kurz-, mittel und langfristigen Ziele des Intranets?

2. Planen Sie Ihr Intranet durch, bevor Sie es einführen. Stimmen Sie Ihren Plan mit der Geschäftsleitung ab. Klären Sie Budgets und Ressourcen.

3. Ihr Intranet lebt von den Beiträgen der Mitarbeiter. Geben Sie Ihren Mitarbeitern die Möglichkeit, Informationen ins Netz zu stellen.

4. Bilden Sie Communities für Entscheider, Meinungsmultiplikatoren und Wissensträger in Ihrem Unternehmen. Sie dienen als Vorbild für Ihre Kolleginnen und Kollegen.

5. Sorgen Sie dafür, dass Ihr Intranet stets die gewünschte Informationen auf nachvollziehbarem Weg liefert und dass die Technik zuverlässig funktioniert.

4.6.3
Das Extranet vereinfacht Geschäftsprozesse

Auf geschützten Sonderseiten fühlen sich Ihre Kunden besonders wohl. Im so genannten Extranet sehen Ihre Kunden beispielsweise vertrauliche Vertragsbedingungen ein oder erfahren frühzeitig alles über geplante Produkte. Der Kunde fühlt sich im Vorteil gegenüber der Allgemeinheit. Er wird besonders behandelt. Ein Extranet trägt auf diese Weise wesentlich zur Kundenbindung bei.

Das Extranet hat mit dem Intranet und dem Internet die Technologie gemeinsam. Alle drei Netzwerk-Typen nutzen das Internet-Protokoll für die Datenübertragung und einen beliebigen Internet-Browser als Bedieneroberfläche. Ebenso wie beim Intranet loggt sich der registriere Anwender ein. Ein Passwort verhindert Missbrauch – die User-Datenbank vergleicht User-Identifikation und Passwort miteinander. Stimmt beides mit den hinterlegten Werten überein, gewährt das System den Zugang.

Nicht nur Kunden profitieren von einem Extranet. Geschäftspartner vereinfachen ihre Kommunikation entlang der Wertschöpfungskette. Sie führen ein Haushaltswarengeschäft und wollen Küchenmaschinen ordern? Loggen Sie sich in das Extranet des Anbieters ein. Bestellen Sie mit einem Online-Formular. Sie sparen sich die Zeit für die Suche nach den Artikelnummern und nach der Fax- oder Postadresse. Vielleicht mussten Sie früher sogar den Vertreter abwarten? Das Extranet bringt Ihnen wichtige Vorteile. Heute geordert, morgen schon da – das hören Ihre Kunden gerne.

Ist Ihr Lieferant auf Zack, vergleicht er Ihre Bestellung über eine Datenbankanbindung online mit seinem Lagerbestand. Sie erfahren in wenigen Sekunden alles über Verfügbarkeit, Tagespreis und Lieferzeit. Im Idealfall löst Ihre Bestellung automatisch die Order beim Zulieferer des Zulieferers aus: Elektromotoren, Schrauben, Zubehör und Kunststoffgehäuse für neue Küchenmaschinen sind am nächsten Tag auf dem Weg. Alle Beteiligten reagieren nicht nur schneller, sie sparen sich auch die Lagerhaltung.
Richten Sie Ihr Extranet so ein, dass Ihre User bequem darauf zugreifen können. Am leichtesten geht das mit einem Link direkt von Ihrer Homepage aus. Die Login-Seite Ihres externen Netzes sollte den Punkt „registrieren" enthalten. Berechtigte, die übers Internet zum ersten Mal von Ihrem Extranet erfahren, könnten sich ohne diese Möglichkeit verprellt fühlen.

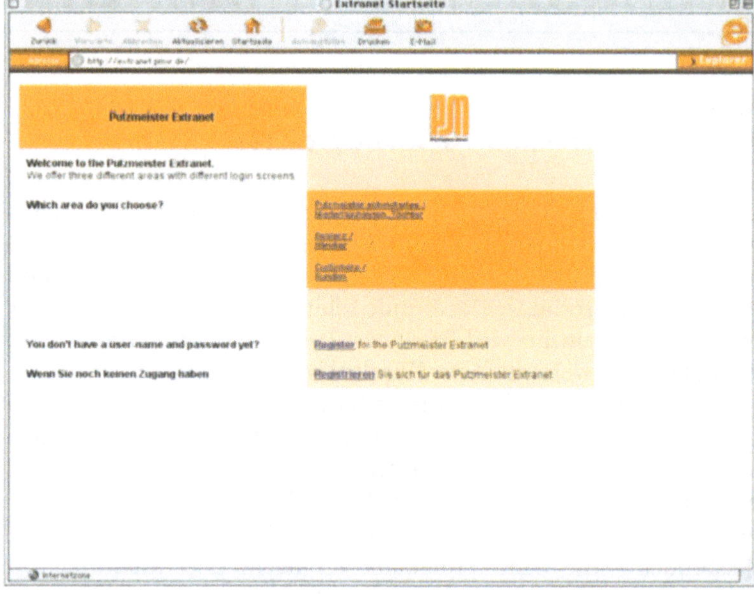

Abb. 4.12
Extra nett: Die Firma Putzmeister bietet gleich drei geschlossene Bereiche im Internet an. Direkt auf der Login-Seite kann sich der Geschäftspartner registrieren.

4.7
Messen Sie den Erfolg Ihrer Texte nach Zielgruppen

Wer hat welchen Ihrer Texte gelesen? Mit welchem Ergebnis? Welche Seiten wurden wie oft angeklickt? Wo wurde weggeklickt? Wer hat online gekauft? Wer hat Ihren Screensaver heruntergeladen? Kommen Gelegenheitssurfer oder Kunden auf Ihre Site? Wer hat Ihr Info-Paket online bestellt? Haben sich Privatpersonen in Ihrem Extranet registriert oder Firmenmitarbeiter? Prüfen Sie Ihre Zugriffsstatistiken und vergleichen Sie die Ergebnisse mit Ihren Zielen. Es gibt nichts Spannenderes. Ihre Zugriffsstatistiken sind Ihre Erfolgsbilanz. Werten Sie die Zahlen aus und präsentieren Sie die wichtigsten Ergebnisse in Ihrem Webteam.

4.7.1
Lesen Sie zwischen den Zeilen Ihrer Statistik

Statistiken sind objektiv. Subjektiv ist das, was Sie daraus lesen wollen. Sind 15.000 Hits pro Monat viel oder wenig? Was sagt Ihnen diese Zahl überhaupt? Sicher herzlich wenig, so lange Sie sich nicht über die Definition von Hits im Klaren sind. Leider gibt es keine Standards. Jeder Provider setzt seine eigenen Maßstäbe – je nach kommerziellem Interesse. 15.000 Hits können wenig sein, wenn nur 9.500 User die Site länger als 3 Sekunden betrachten. Was ist dann ein Banner auf dieser Site wert?

Bewahren Sie sich ein gesundes Maß an Misstrauen, wenn Sie vorgefasste Meinungen in Ihren Statistiken bestätigt sehen. Ihre Webstatistiken sind hilfreich, wenn Sie sich so offen wie möglich an das Zahlenwerk machen. Prüfen Sie die Definitionen der einzelnen Parameter. Hinterfragen Sie die Vorgaben Ihres Providers oder Ihres Statistik-Tools. Greifen Sie ein, wo immer Ihre Site individuelle Messkriterien verlangt. Dann werden Sie zwischen den Zeilen lesen und die Fakten schlüssig interpretieren.

4.7.1.1
Die Zahl der Hits zeigt jeden Zugriff

Unter *Hits* verstehen Webstatistiker die Summe aller Zugriffe auf eine Seite. Es spielt keine Rolle, wer auf die Seite zugegriffen hat und aus welchem Grund. Wer sich an einem Tag dreimal auf die gleiche Weise vertippt und jedesmal irrtümlich auf Ihre Site zugreift, erhöht die Zahl Ihrer Hits um drei.

4.7.1.2
Files sind gesendete Dateien

Die Zahl der _Files_ beschreibt die Menge der gesendeten Dateien. Dieser Wert ist wenig aussagekräftig. Eine Homepage mit vielen kleinen Grafiken schneidet beispielsweise generell besser ab als ein klar strukturierter Auftritt: Für jeden Seitenaufbau schickt der Server zahlreiche Dateien an die Rechner der User.

4.7.1.3
Pageviews sind Hits mit vorgegebener Dauer

Pageview heißt wörtlich übersetzt so viel wie _Seitenbetrachtung_. Klickt sich ein User in Ihre Site und lädt sie damit auf seinen Rechner, verzeichnet die Statistik einen Hit. Erst wenn der Betrachter für einen bestimmten Zeitraum auf Ihrer Site bleibt, sprechen wir von einem Pageview. Ihr Statistikprogramm legt fest, wie lange dieser Zeitraum dauert. Die Anzahl der Pageviews lässt Rückschlüsse auf das Interesse an Ihrer Site zu. In der Regel werden neben der Gesamtzahl an Pageviews auch noch die Anzahl der Pageviews für die einzelnen Seiten betrachtet. Sie sehen an den Werten, welche Seiten Ihre Zielgruppen besonders ansprechen und wo Sie Ihren Webauftritt noch verbessern können.

4.7.1.4
Meldung 304: Ihre Site ist im Cache gespeichert

Ein Technikerkuriosum ist die Bezeichnung _Meldung 304_. Sie erkennen an diesem Wert, wie viele User mehrfach auf Ihre Seiten kommen. Ist eine angeforderte Datei von einem früheren Besuch her schon im Cache des Browsers gespeichert, entsteht ein Hit. Das Logfile listet die Meldung 304. Das heißt: Die Site wurde angefordert und musste nicht mehr gesendet werden.

4.7.1.5
Sessions oder Visits sind Besuche mit Verlauf

Navigiert Ihr User innerhalb Ihrer Website, registriert Ihr Statistikprogramm _Sessions_ oder _Visits_. Das bedeutet ein und dasselbe. Sessions oder Visits beschreiben den Verlauf der Seitenbesuche. Ruft Ihr User innerhalb einer vorgegebenen Zeit keine weiteren Seiten auf, ist die Session oder der Visit beendet. Einige Statistik-Tools analysieren das Besucherverhalten noch weiter. In welcher Reihenfolge wurden Seiten abgerufen? Welche Wege sind besonders häufig? Die Antworten auf diese Fragen zeichnen die Spuren der User nach. Sie können daraus Rückschlüsse über Blickführung, Schlüsselreize, Nutzwert und Bedienkomfort Ihrer Webseiten ziehen.

4.7.1.6
Kilobytes Sent beschreibt die abgerufenen Datenmengen

Welche Datenmengen wurden von Ihrer Seite aus abgerufen? Die Kennzahl *Kilobytes Sent* gibt darüber Auskunft. Ob diese Zahl für Sie interessant ist, hängt von Ihrem Webangebot ab. Ein neuer Screensaver zum Download kann die Menge Ihrer versendeten Datenpakete in die Höhe treiben.

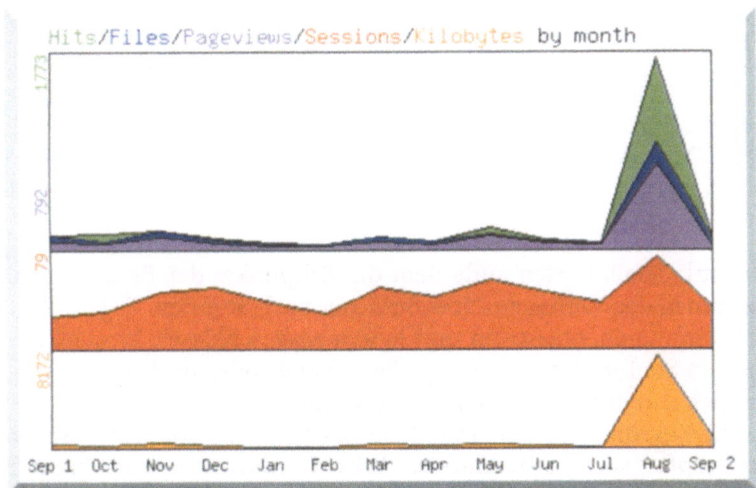

Abb. 4.13
Bunt: Hits, Files, Pageviews, Sessions und Kilobytes pro Monat im Überblick. Der August war bei dieser Site offensichtlich ein spannender Monat. Alle Werte stiegen signifikant an.

4.7.2
Statistik-Tools beschreiben jede Bewegung Ihrer User

Neben den Pageviews und der Reihenfolge der Seitenabrufe ist die Verweildauer der User wichtig – sowohl insgesamt wie auf die einzelnen Seiten bezogen. Statistik-Tools stellen noch weitere Daten bereit: Welche Seite war die Einstiegsseite? Wo wurde ausgestiegen und wie oft? Wie oft wurde nur eine einzige Seite aufgerufen?

Lassen Sie sich die häufigsten Browser-Typen und -Versionen Ihrer User auflisten. Sie erfahren alles über die Eigenschaften der Browser, die Ihre Site geladen haben. Zum Beispiel ob sie Frames, Appletts, Javascript, Tabellen, Active-X oder Hintergrundmusik unterstützen.

Nutzen Sie dieses Wissen beim Gestalten und Weiterentwickeln Ihrer Webseiten. Sie erfahren zum Beispiel, wieviel Prozent der Besucher die Website nur mit Einschränkungen betrachten konnten, wenn Sie Ihre Navigation durchgängig mit Javascript programmieren. Mit diesen Werten treffen Sie für die Zukunft sinnvolle Kompromisse zwischen Leistung und Reichweite.

Month	Hits	Files	Pageviews	Sessions	KBytes sent
September 2002	71	67	22	21	532
August 2002	1773	998	792	79	8172
July 2002	60	52	44	39	95
June 2002	90	80	65	49	180
May 2002	203	153	130	59	292
April 2002	79	71	49	45	202
March 2002	116	114	75	53	338
February 2002	54	45	35	30	101
January 2002	60	52	38	39	130
December 2001	103	93	65	53	254
November 2001	181	171	123	48	492
October 2001	153	79	61	32	180
Total	2943	1975	1499	547	10963
Average	245	164	124	45	913

Abb. 4.14
Akribisch:
Dem Logfile entgeht keine Bewegung. Üblich ist die Darstellung als Monats- und Jahresergebnisse.

Statistik-Tools werten außerdem die Zeitpunkte der Besuche aus. Sie lernen das Verhalten Ihrer Besucher nach Stunden, Tagen, Wochen, Monaten, Quartalen und Jahren aufgeschlüsselt kennen. Erreichen Sie Ihre User eher tagsüber, abends oder nachts? Verbreiten sich Ihre Informationen schnell genug?

Die Zugriffsdaten sind innerhalb des Analyse-Tools miteinander verknüpft. Das ist sehr hilfreich. Wird Großbritannien in Zukunft ein wichtiger Markt für Sie? Listen Sie die gebräuchlichsten Browser-Typen nach Ländern aus. 17 Prozent der britischen Zugriffe auf Ihre Site liefen unter dem Browser Opera von einem Apple Mac aus? Ziehen Sie die Konsequenzuen und optimieren Sie Ihren Webauftritt für diese Plattform. Mit einem zusätzlichen Zeitfilter erfahren Sie, wie sich die Browser-Nutzung in Ihrem Zielmarkt in den letzten Monaten entwickelt hat. Holt der Internet Explorer auf? Ging die Opera-Nutzung auf drei Prozent runter? Tragen Sie dieser Entwicklung gezielt Rechnung.

Unter dem Begriff *AddClicks* sammelt Ihre Statistiksoftware die Internetadressen, von denen aus Ihre User zu Ihnen geleitet wurden. Ganz vorne stehen die Suchmaschinen gemeinsam mit den Suchbegriffen. Die Herkunft Ihrer Besucher verrät die zugehörige Top- und Second-Level-Domain. Sie erfahren, aus welchen Ländern und von welchen Organisationen Ihre Webseiten besucht werden. Hat Ihr Vertriebsleiter bei der Krauterbach AG präsentiert, zählen Sie noch am selben Abend die Zugriffe auf Ihre Webseite von deren Server aus. Reichen Sie die Ergebnisse ruhig weiter. Ihr Vertriebsleiter wird staunen, wie viel Interesse er für Ihr Unternehmen wecken konnte.

4.7.3
Entwickeln Sie Ihre eigene Prüfliste

Beleuchten Sie alle Informationen so kritisch wie möglich. Nur so entwickeln Sie sich weiter. Und Sie können sich immer verbessern. Ihre Webstatistik gibt Ihnen detaillierte Auskunft über das Nutzungsverhalten Ihrer User. Setzen Sie dieses Wissen gezielt ein. Lernen Sie Ihre User immer besser kennen. Entdecken Sie deren Interessen und deren technische Voraussetzungen.

Haben Sie Ihre Ziele im Web noch nicht erreicht? Prüfen Sie mögliche Gründe:

- Ist Ihr Angebot richtig positioniert?

- Ist der Nutzen klar dargestellt?

- Funktioniert die Technik?

- Ist Ihr Zielgruppenprofil präzise genug?

- Werben Sie ausreichend für Ihre Site?

- Wo listen die wichtigsten Suchmaschinen Ihre Site auf?

- Nach welchen Suchbegriffen wird Ihre Site gefunden?

- Harmonieren Gestaltung und Aussage?

- Ist Ihre Site intuitiv benutzbar?

Diese Fragen sind nur Beispiele. Ihre Liste soll so spezifisch sein wie Ihre Website. Neben Ihrer Zugriffsstatistik helfen Ihnen User-Befragungen und Vergleiche mit den Seiten Ihrer Wettbewerber.

4.8
Errechnen Sie Ihre Wertschöpfung

Die Webstatistik ist Ihr Maßstab. Auf der Grundlage dieser Zahlen entwickeln Sie sich weiter. Sie gestalten, messen und verbessern kontinuierlich. Indem Sie die Ergebnisse dieser Arbeit regelmäßig präsentieren, schaffen Sie im Unternehmen Verständnis für Ihren Bereich. Ihre Vorgesetzten erkennen dank Ihrer Angaben die Bedeutung des Webauftritts für das Unternehmen.

Ein Beispiel:

Susanne Pohl betreut die Website der Hubermann AG. Monatlich sehen sich durchschnittlich 950 User auf www.hubermann.de um. Das ist OK. Geplant waren 900 Pageviews. Susanne übertrifft ihre

Ziele. Trotzdem ist sie nicht zufrieden: Aus ihrer letzten Websta-
tistik entnahm sie, dass von 957 Usern nur 313 auf die Unterseite
„Produkte" gegangen sind. Von diesen 313 Produktinteressierten
haben nur 11 Personen nach durchschnittlich 23 Sekunden per
Online-Formular den Katalog angefordert. „Das sind zu wenig,
und es dauert zu lang", befindet die Webspezialistin.

Als erstes ruft Susanne Pohl die Website auf – und zwar wie ein
User über das Internet. Sie klickt zur Unterseite „Produkte" und
von da aus auf den Link zum Bestellformular. Klappt tadellos.
Merkwürdig. Sie wendet sich an einen Kollegen aus der System-
administration. War das CGI-Script für das Bestellformular in
den letzten Wochen nicht in Ordnung? Wurden die Bestell-Mails
nicht weitergeleitet? „Alles lief während der letzten Wochen völ-
lig reibungslos", erklärt der Administrator. Susanne Pohl kann
also technische Mängel ausschließen.

Jetzt sieht sie sich die Seiten selbst an. Sie erkennt Verbesserungs-
bedarf: Den langen Einleitungstext verkürzt sie zu fünf Aufzäh-
lungspunkten. Darüber setzt sie eine nutzenorientierte Über-
schrift. Die Schmuckbilder nimmt sie aus der Seitengestaltung
heraus. Sie integriert statt dessen ein einzelnes Bild mit passender
Gefühlsbotschaft. Die Blickführung steuert sie mit Ruheräumen
und deutlichen Farbkontrasten. Das Auge des Betrachters wird
nun direkt zum Link für die Online-Bestellung geleitet. Auch den
Link selbst bearbeitet Susanne Pohl. Statt „Die Produkte der Hu-
bermann AG im Überblick" heißt es nach der Überarbeitung:
„Nutzen Sie jetzt Ihren Preisvorteil". Die Überarbeitung dauert
einen halben Arbeitstag. Zufrieden stellt Susanne Pohl die geän-
derte Seite online.

Einen Monat später zählt die Webexpertin 924 Pageviews. 347
User sind bis zur Unterseite „Produkte" gelangt. Von dort aus
haben 125 Interessierte nach durchschnittlich 8 Sekunden die
Broschüre bestellt. Susanne Pohl ist begeistert. Mit einem Einsatz
von vier Arbeitsstunden hat sie die Zahl der Besteller mehr als
verzehnfacht. Sie rechnet: Die Zeit vom Erreichen der Site bis zur
Bestellung dauerte vor der Überarbeitung 23 Sekunden. Jetzt
sind es nur noch 8 Sekunden. Susanne sparte also jedem Besteller
durchschnittlich 15 Sekunden. Bei 125 Usern in einem Monat
macht das eine gute halbe Stunde, die den Interessenten der Hu-
bermann AG zugute kommt. Nach acht Monaten hat die Web-
managerin den Break-even-Point erreicht: Dann spart sie den
Usern mehr Zeit als sie selbst dazu einsetzen musste.

Susanne Pohl präsentiert ihr Ergebnis in ihrem Webteam. Der Marketing Manager der Hubermann AG staunt. Mit seinen Direct Mailing-Aktionen gibt er im Durchschnitt 11 Euro für jeden Rückläufer mit Katalogbestellung aus. Die zusätzlichen 114 Besteller vom Internet sind nach dieser Rechnung 1.254 Euro Wert. Diesen Betrag verdient Susanne Pohl nicht einmal in einer ganzen Arbeitswoche. Ihre Wertschöpfung ist hoch, und das Lob ihres Kollegen hat sie sich verdient.

Zur errechneten Wertschöpfung kommt der Image-Gewinn für die Hubermann AG. Mehr Katalogbestellungen heißt überzeugtere Interessenten. Sie fühlen sich vom Webauftritt angesprochen und empfehlen die Site ihren Freunden, Bekannten und Arbeitskollegen weiter. Der Traffic steigt. Aus durchschnittlich 950 Pageviews werden schon bald 1.000 und 1.100. Jeder bestellte Katalog ist die Grundlage für noch mehr Nutzen. Die User profitieren ebenso wie die Hubermann AG.

Ihre Wertschöpfung lässt sich nicht immer eins zu eins in Zeit und Geld ausdrücken. Image-Gewinn, Know-how-Beweis und Konsistenz in der Markenkommunikation wirken sich langfristig aus. Versuchen Sie, so viele Aspekte wie möglich messbar zu machen. Sie werden staunen, wie viel Sie leisten. Jede Minute Mehrarbeit für Sie spart Ihren Usern zusammengenommen viele Stunden an Zeit. Jeder neue Geschäftskontakt kann Gold wert sein.

Erkundigen Sie sich bei Ihren Kollegen aus Marketing und Vertrieb nach Rückmeldungen von Interessenten und Kunden. Regen Sie Befragungsaktionen an. Sorgen Sie dafür, dass die Zufriedenheit der Kunden auch anhand des Webauftritts gemessen wird. Vergessen Sie nicht Ihre Personalabteilung: Schlagen Sie vor, dass Bewerber nach ihren Eindrücken von der Unternehmens-Site befragt werden. Errechnen Sie, wie viel Geld durch die Jobbörse auf Ihrer Site gespart wird: Zum Beispiel weil Stellenanzeigen in der Tagespresse überflüssig geworden sind. Oder weil geeignetere Bewerber zu Gesprächen kommen, die sich vorab im Web über Ihr Unternehmen informiert haben.

5 Webvermarktung

5.1
Erreichen Sie Ihre User ohne Umweg

Das Internet ist eine Loseblattsammlung. Jede Menge Stapel virtueller Seiten türmen sich im digitalen Nirwana. Täglich kommen neue Blätter dazu. Manche Seiten sind mit Links aneinander geheftet. Erwischen Sie eine, haben Sie den ganzen Packen. Die meisten dieser Seitenbündel liegen zusammenhanglos verstreut auf Servern in Dallas, Frankfurt, Tokio, Madrid oder irgendwo sonst in der Welt.

Jede Systematik scheitert schon in den Ansätzen. Das macht das Internet so spannend: Sie wissen nie, was Sie im nächsten Augenblick finden werden. Niemand wird je einen vollständigen Überblick erhalten. Auch nicht Ihre User. Warum sollten sie dann ausgerechnet Ihre Seiten aus dem Stapel ziehen?

Ihre Seiten bieten Ihren Zielgruppen einen Nutzen. Das sollten Sie Ihre User wissen lassen. Es wäre schade um Ihren Aufwand und um die entgangenen Chancen. Zum Aufwand für Ihre Site kommt der Aufwand für Werbung. Soll Ihre Site erfolgreich sein, ist der zweite Punkt so wichtig wie der erste.

Für Webseiten werben Sie am besten im Web. Ihre Zielgruppen sind schon im richtigen Medium. Ihr Nutzenangebot liegt nur einen Mausklick entfernt. Die Einstiegshürde ist denkbar gering. Wie im richtigen Leben gibt es im Web Adressbücher, Straßenkreuzungen mit Plakatwänden und Leuchtreklame. Menschen sitzen in Straßencafés, lesen Zeitungen und unterhalten sich. Auf Marktplätzen treffen sich Hinz und Kunz, begutachten die Angebote und fachsimpeln miteinander. Und im einen oder anderen Nachbarhaus wohnen Leute mit den gleichen Interessen. Überall dort kann es sich für Sie lohnen, die Werbetrommel zu rühren.

5.1.1
Sichern Sie sich Ihren Platz in den Suchmaschinen

Im Internet heißen Adressbücher „Suchmaschine". Es gibt sehr viele davon. Manche sind auf ein bestimmtes Land spezialisiert, wie zum Beispiel <www.acoon.de>. Manche listen nur Adressen zu bestimmten Themen, wie zum Beispiel <www.finanzradar.de>. Und manche Suchmaschinen suchen in Suchmaschinen, wie zum Beispiel <www.metaspinner.de>. Welche Suchmaschinen sind für Sie wichtig? Was müssen Sie für einen Eintrag in die Listen tun? Und wie kommen Sie an eine gute Positionierung?

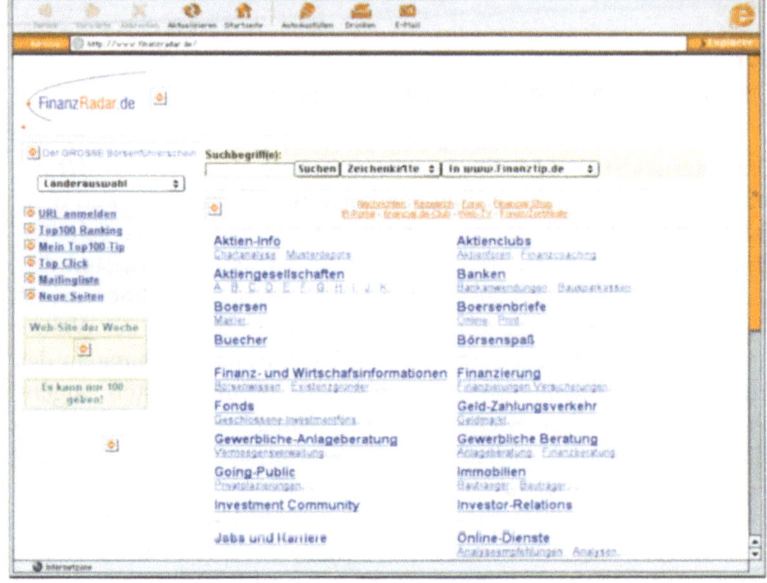

Abb. 5.1
Speziell:
<www.finanzradar.de>
fokussiert auf Finanz-
dienstleistung. Ist dieses
Umfeld für einen Link zu
Ihrer Website geeignet?

5.1.2
Ihre Zielgruppe legt die Auswahl fest

Genau wie bei Adressbüchern hängt die Qualität der Suchmaschinen von den Menschen ab, die sie entwickeln und pflegen. Viele User haben ihre Lieblingssuchmaschine. Sie gewöhnen sich an Aussehen und Bedienung und sind mit den Suchergebnissen zufrieden. Eine der beliebtesten deutschen Suchmaschinen ist <www.google.de>. Sie besticht durch Übersichtlichkeit und brauchbare Treffer.

Aus Ihrer Webstatistik erfahren Sie, von welchen Suchmaschinen aus Ihre User zu Ihnen finden. Wenn Sie Ihre Webzielgruppen vergrößern wollen, sorgen Sie bei folgenden Suchmaschinen für eine gute Positionierung. Suchmaschinen für deutschsprachige Zielgruppen:

- www.abacho.de
- www.acoon.de
- www.allesklar.de
- www.altavista.de
- www.dino-online.de
- www.excite.de
- www.fireball.de
- www.google.de
- www.hotbot.de
- www.kolibri.de
- www.lycos.de
- www.nathan.de
- www.rex.de
- www.sear.ch
- www.search.ch
- www.web.de
- www.webwizard.at
- http://austria.netguide.at

Internationale Suchmaschinen:

- www.askjeeves.com
- www.alltheweb.com
- www.altavista.com
- www.excite.com
- www.infoseek.com
- www.webcrawler.com
- www.northernlight.com
- www.google.com
- www.overture.com

Abb. 5.2
Multitalent:
<www.yahoo.com>
ist Suchmaschine und
Katalog in einem. Der
User wählt Kategorien
aus den Verzeichnissen
oder gibt einen
Suchbegriff ein.

Der Suchmaschinenmarkt ist schnellebig. Wer in den Listen <www.aladin.de>, <www.crawler.de>, <www.eule.de> und <www.spider.de> vermisst, sollte diese Adressen testhalber eingeben. Er wird auf <www.abacho.de> weitergeleitet werden. Auch <www.goto.com> wird umgelenkt; der Sucher landet bei <www.overture.com>. Die Adresse <www.infoseek.de> ist nicht mehr online. Für Sie heißt das: Suchmaschineneinträge sind keine einmalige Aufgabe. Wer kontinuierlich gelistet werden will, muss sich kontinuierlich darum kümmern.

5.1.3
Überlassen Sie anderen die Fleißarbeit

Wenn Sie Ihre Seiten ins Web stellen, werden sie früher oder später von selbst in verschiedenen Suchmaschinen aufgelistet. Sie müssen nichts dafür tun. Das erledigen „Spiders", „Robots" und „Crawlers" für Sie. So heißen Programme, die sich eigenständig durchs Internet wühlen und Ihre Seiten aufspüren.

Verlassen Sie sich nicht allein auf Suchprogramme. Sie hätten keine Sicherheit darüber, ob, wann und wo Links zu Ihren Seiten auftauchen. Werden Sie aktiv. Bieten Sie den richtigen Suchmaschinen Ihren Link an. Es ist im gegenseitigen Interesse. Und vor allem nutzt es Ihren Zielgruppen.

Sie können diese Arbeit selbst erledigen. Doch Vorsicht: Wer schon einmal eine Website bei mehreren Suchmaschinen angemeldet hat, kennt den unverhältnismäßig hohen Aufwand. Sie unterziehen sich bei jeder Suchmaschine einer anderen Prozedur. Tage, Wochen und Monate nach der Anmeldung kommen Bestätigungsmails, die Sie einzeln beantworten müssen.

Überlassen Sie diese wenig wertschöpfende Tätigkeit gegen geringe Gebühr Ihrem Serviceprovider oder spezialisierten Dienstleistern. Das sind meistens routinierte Profis, die sich mit den Besonderheiten der wichtigen Suchmaschinen auskennen. Oder setzen Sie ein Software-Produkt ein, das Ihnen die Fleißarbeit abnimmt. Prüfen sie in jedem Fall in regelmäßigen Abständen, ob und wo Ihre Site tatsächlich gelistet wird.

5.1.4
Sorgen Sie für eine gute Platzierung

Anders als bei Adressbüchern ist es nicht auf den ersten Blick nachvollziehbar, warum eine Suchmaschine bei einem bestimmten Suchbegriff eine bestimmte Adresse ganz vorne auflistet. Je weiter vorne Ihre Site gelistet wird, desto wahrscheinlicher wird sie angeklickt. Es ist in Ihrem Interesse, sich auf den Trefferlisten möglichst weit nach vorne zu mogeln. Wie das geht, unterscheidet sich von Suchmaschine zu Suchmaschine.

Einige Suchmaschinenanbieter lassen sich eine gute Positionierung schlicht und ergreifend bezahlen. Wo es kein Geld kostet, sind die Standardkriterien für einen attraktiven Listenplatz:

- Das Suchwort kommt im Titel der Seite oder in anderen Metatags vor

- Die Häufigkeit des Suchwortes im Dokument: je öfter, desto wichtiger

- Die Position des Suchwortes im Dokument: je weiter vorne, desto wichtiger

- Die Dichte des Suchwortes im Text: je näher beieinander, desto wichtiger

Aussagekräftige Metatags und Seitentitel sind ein Muss für Ihre Site. In Metatags werden Angaben über eine Webseite notiert, die für das Verhalten des Webservers und des Browsers wichtig sind. Die Angaben werden nicht im Browser-Fenster angezeigt. Um die richtigen Suchbegriffe zu finden, versetzen Sie sich in die Situation Ihrer User. Wonach suchen sie? Welche Begriffe verbinden sie mit Ihrem Angebot? Was ist das Wesentliche an Ihrem Produkt oder Ihrer Dienstleistung für die User? Beantworten Sie diese Fragen in Stichworten. Und schon haben Sie Ihren Metatext.

5.2
Portale sind die Heimat vieler User

Die Wege vieler User kreuzen sich bei den Portalen. Portale sind Einstiegsseiten mit thematischer Ausrichtung. Ihr Vorteil: Sie sammeln Einträge und Links mit einem Schwerpunkt, der für den User einen Nutzen bietet. Der rationale Nutzen liegt darin, dass der User Anregungen für seine Recherchen findet. Der psychologische Nutzen liegt in der Heimatfunktion des Portals. Im uferlosen Web ist es für viele User angenehm, von einer bestimmten Site aus zu starten und immer wieder dorthin zurück zu kehren.

Die wichtigen Browser berücksichtigen diese menschliche Eigenart. Sie bieten die Funktionen „Startseite festlegen" und „Anfang". In den englischen Browser-Versionen heißt der „Anfang"-Button sogar „Home", wörtlich: „Zuhause" oder „Heimat". Das zugehörige Icon zeigt ein Häuschen. Wann immer die Websoftware gestartet wird, ruft sie zuerst die Startseite auf. Wann immer der User auf „Anfang" klickt, kommt die Heimatseite.

Für Portale ist es das höchste Ziel, diesen Platz auszufüllen. Das erhöht die Zahl der Hits und damit den Preis für Werbebanner. Um es dem User so einfach wie möglich zu machen, bieten einige von ihnen die Einrichtung als Startseite im Browser automatisch an – per Mausklick.

Die User gewöhnen sich an ihr Portal. Sie wissen, wo was zu finden ist. Ähnlich wie Straßencafés sind viele Portale auch Treffpunkte. Sie bieten Zugang zu Chat-Rooms. Dort trifft man sich wieder – auch wenn man den wirklichen Namen des Gesprächspartners vielleicht gar nicht kennt.

Es lohnt sich für Sie, an solchen Orten für Ihre Site zu werben. Finden Sie die Portale, von denen aus potenzielle User Ihre Site suchen könnten. Schalten Sie dort ein Werbebanner oder platzieren Sie einen Link. Prüfen Sie regelmäßig, wie wirkungsvoll dieser Link oder das Banner ist. Mit Hilfe der Zugriffsstatistik errechnen Sie die Kosten pro Klick. Bei manchen Anbietern zahlen Sie nur für die Klicks selbst. Das kann sich lohnen. Prüfen Sie alle Möglichkeiten.

Verfolgen Sie, wie viele der Portalbesucher auf Ihre Site kommen und dort Ihre Angebote wahrnehmen. Nur wenn diese Gäste durch die richtigen Klicks und durch lange Verweildauer echtes Interesse an Ihrer Site bekunden, ist ihr Besuch das Geld für die Bannerwerbung wert.

Abb. 5.3
Volles Programm: Von News über Chat bis zu Erotik bietet <www.freenet.de> alles, was das Surfer-Herz begehrt. Die Grenzen von Suchmaschine und Katalog hin zum Portal sind fließend.

Richtet sich Ihre Site an Endverbraucher, investieren Sie ruhig ein bis zwei Stunden in den Chat-Rooms der Portale. Dort bekommen Sie ein Gefühl für die Zielgruppen. Diskutieren Sie mit. Lassen Sie hier und da Ihre Stichworte fallen und beobachten Sie die Reaktionen. Wenn Sie an mehreren Tagen zu verschiedenen Zeitpunkten keine Zuhörer finden, sind Sie möglicherweise im falschen Portal.

Marktplätze führen Anbieter und Nachfrager zusammen. Märkte gibt es, wo es Nachfrage gibt. Ihr Angebot sollte dort nicht fehlen. Suchen Sie im Web regelmäßig nach Marktplätzen für Ihr Produkt oder Ihre Dienstleistung.

Oft ist die verbindende Klammer eine bestimmte Gegend. Es macht sicher wenig Sinn, einen Freiburger Reinigungsservice in Herne anzupreisen. Sehr interessant dagegen ist ein Marktplatz Herne, wo Reinigungsservice, Modeboutiquen, Autohändler und weitere lokale Anbieter ihre Links sammeln.

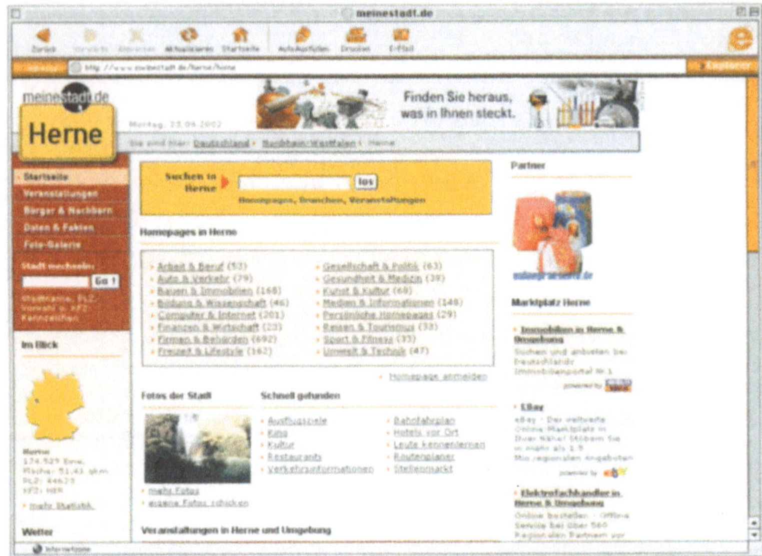

Abb. 5.4
Regional: Unter
<www.meinestadt.de>
finden Sie den Markt-
platz für Ihren Standort.
Die Anmeldung kostet
ab 59 Euro aufwärts. In
vielen Städten und
Gemeinden gibt es
alternative Marktplätze.
Der Grundeintrag ist
oft kostenlos.

5.3
Bieten Sie verwandten Sites einen Link an

Sind Ihre Partnerunternehmen im Web vertreten? Tauschen Sie Ihre Links aus. Dürfen Sie einen Link auf die Seiten Ihrer Kunden stellen? Das ist großartig. Prüfen Sie, welche verwandten Seiten es gibt. Wer bietet Content zum selben Thema wie Sie? Wer sitzt in derselben Region? Welchen Verbänden und Lobbies können Sie den Link auf Ihre Site empfehlen?

Fragen Sie sich generell, welche Site von einem Link zu Ihrem Webauftritt profitieren würde. Stellen Sie eine Liste zusammen. Fragen Sie freundlich und regelmäßig nach, ob Interesse an einem Linktausch besteht. Und prüfen Sie, welcher Tausch wie viele zusätzliche User zu Ihnen geführt hat.

5.4
Inserieren Sie digital

Das elektronische Gegenstück zu unseren Zeitungen sind digitale Newsletter. Es gibt unzählige davon im Internet. Ihr wichtigstes Kennzeichen: Sie sind kostenlos und bringen ihren Zielgruppen messbaren Nutzen. Manche sind sehr beliebt, wie zum Beispiel der Newsletter der Marketing-Fachzeitschrift Werben & Verkaufen oder

der Newsletter von Bild der Wissenschaft. Bestellen Sie sich Ihre Gratis-Abos unter <www.wuv.de> und <www.wissenschaft.de>. Für Sie als Textfreund maßgeschneidert ist außerdem der Newsletter der Duden-Redaktion, zu beziehen unter <www.duden.de>.

Andere Newsletter mit deutlich werblicher Absicht nehmen die Zielgruppen hin. Unter Bezeichnungen wie „Kundeninformation der Firma XY" werden oft Kundenbeziehungen ausgenutzt, um wenig relevante Mitteilungen schlecht aufbereitet an ein mäßig interessiertes Publikum zu bringen. Das ist legal und wenig produktiv. Wieder andere Newsletter werden unaufgefordert zugeschickt und sind auch mit viel Energie nicht wieder los zu werden. Die Abmelde-Option funktioniert entweder wirklich nicht oder der Anbieter will die Abonnentenzahl bewusst in die Höhe treiben. Schließlich bringt das Anzeigengeld. Diese Variante ist verboten. Bei einem solchen Medium sollten Sie auf keinen Fall inserieren. Sie wollen Ihren guten Namen nicht riskieren.

Viele Newsletter-Anbieter freuen sich über Inserenten. Fragen Sie sich, welche Newsletter Ihre Zielgruppen beziehen. Erkundigen Sie sich bei den Betreibern der Newsletter nach den Preisen für ein Inserat mit Link zu Ihrer Website. Fragen Sie auch die Marketingverantwortlichen Ihrer Partner- und Kundenunternehmen, ob sie

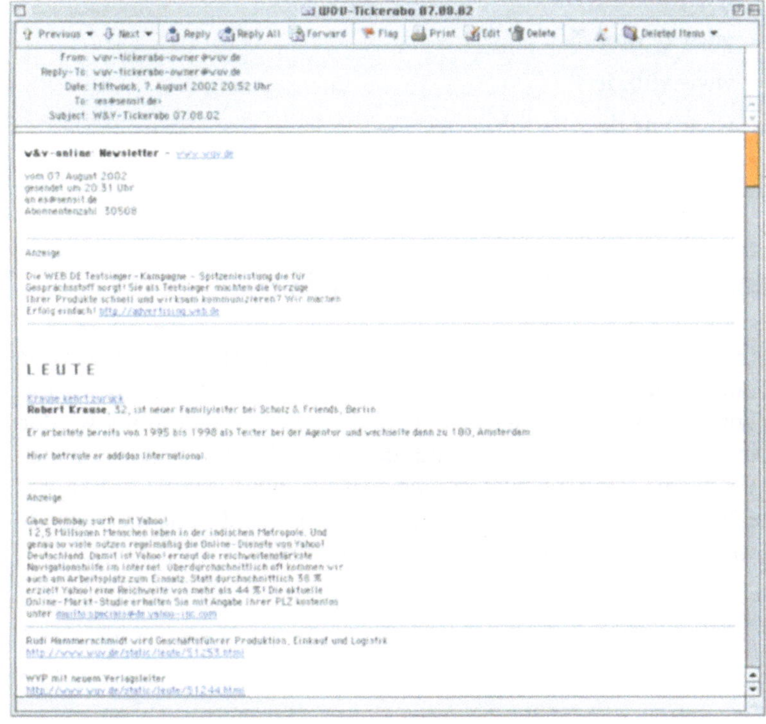

Abb. 5.5
Nützlich:
Der Newsletter des Marketing-Fachblattes „Werben & Verkaufen" ist kostenlos und landet regelmäßig in mehr als 30.000 Mailboxen von deutschen Marketingverantwortlichen.

einen Newsletter verschicken. Tragen Sie sich als Abonnent ein und prüfen Sie die Qualität. Entscheiden Sie sich erst danach, wo und zu welchem Preis Sie Ihre Webadresse platzieren möchten.

Stellen Sie sich eine Liste mit Newslettern zusammen, die für Ihre Zielgruppe in Frage kommen. Für die Zielgruppe „Marketingleiter" könnte sie so aussehen:

- www.agenturcafe.de
- www.acquisa.de
- www.efvnews.de
- www.focus.de
- www.heise.de
- www.horizont.de
- www.kress.de
- www.new-business.de
- www.medienhandbuch.de
- www.stern.de
- www.tagesschau.de
- www.textintern.de
- www.ocram.de
- www.vhb.de
- www.vnr.de
- www.wuv.de

5.5
Werben Sie in allen Medien fürs Web

Hand aufs Herz: Steht Ihre Webadresse auf Ihrer Visitenkarte? Wenn Sie jetzt nachschauen müssen, bekommen Sie Punktabzug. Wenn Sie Ihre Karte betrachten und leicht erröten, gibt's wieder Minus. Trösten Sie sich. Sie sind nicht der oder die einzige. Bei vielen Unternehmen reicht's gerade mal bis zur E-Mail-Adresse auf der Visitenkarte. Immerhin. Geübte User leiten daraus die Webadresse ab. Weniger geübte brauchen den Anstoß.

5.5.1
Ihre URL gehört zur vollständigen Adresse

Als Grundregel gilt: Ihre Webadresse gehört überall dort hin, wo auch Ihre Postadresse steht. Das ist die Mindestanforderung. Und es geht weiter. Drucken Sie Ihre URL auf die komplette Geschäftsausstattung mit Briefbogen, Grußkarten, Umschlägen, Mappen, Ordnern und allem, was Sie individuell gestalten.

5.6
Klassische Werbung immer mit Webadresse

Fragen Sie Ihren Marketingleiter, welche klassischen Werbemaßnahmen geplant sind. Anzeigenwerbung in der Fachpresse? Wunderbar: Sorgen Sie dafür, dass die Webadresse nicht mit winziger Schrift in einer Ecke versteckt wird. Plakatwerbung in drei Großstädten? Ausgezeichnet: WWW ist mit dabei. Eine neue Imagebroschüre? Jawohl: Ihre Webadresse steht rechts unten auf jeder Seite. denken Sie auch an Ihre Firmenfahrzeuge, an Produktverpackungen und selbst an Ihr Firmenschild bei der Zufahrt zum Industriegebiet.

5.7
Verbinden Sie Webauftritt und Direktmarketing

Ihr Webauftritt ergänzt Ihre Postmailings und Ihr Telefonmarketing. In beiden Fällen werden Personen gezielt angesprochen. Die Botschaft muss klar und prägnant sein. Der Angesprochene soll schnell Vertrauen fassen. Der Hinweis auf Ihre Website kann den Ausschlag geben. Selbst wenn der Adressat nicht nachschaut – er weiß, mit ein paar Klicks kann er sich ein umfassendes Bild von Ihrem Unternehmen verschaffen.

5.8
Ihre Stellenanzeigen gewinnen durchs Internet

Stellenanzeigen sind Image-Anzeigen für die Personalakquise. Sie werben für eine bestimmte Position und für das ganze Unternehmen. Wie beim Mailing müssen Sie es schaffen, auf begrenztem Raum möglichst viel Vertrauen zu bilden. Ihr Hinweis auf das Internet leistet Wichtiges.

Interessenten informieren sich über das Unternehmen und die Unternehmenskultur. Sie sehen, welche anderen Stellen frei sind. Sie schicken den Link an Freunde und Bekannte, die auch auf der Suche sind. Und sie bewerben sich vielleicht spontan per E-Mail. Das spart Ihrem Bewerber und Ihrer Personalabteilung Zeit und Geld.

Viele Manager lesen Stellenanzeigen, um sich über die Situation des Arbeitsmarktes schlau zu machen. Ihr Hinweis auf Ihren Webauftritt könnte der Anfang der ein oder anderen großartigen Geschäftsbeziehung werden.

5.9
Events und Sonderaktionen binden neue Zielgruppen

Events und Sonderaktionen wie zum Beispiel Gewinnspiele kosten Ihr Unternehmen Geld. Die Maßnahmen sollen Kunden binden und neue Interessenten gewinnen. Werben Sie bei diesen Anlässen auch für Ihren Webauftritt und messen Sie den Anstieg der Zugriffe. Jeder investierte Euro wird dadurch mehr wert.

5.10
Cross Marketing erhöht den Wert Ihrer Werbung

Im Idealfall verbinden Sie Ihre werbliche Kommunikation über alle Medien hinweg: Weisen Sie in Fachanzeigen auf Ihre Mailingaktion mit Gewinnspiel hin. Werben Sie per E-Mail bei Ihren Kunden für das Spiel. Verteilen Sie am Point of Sales Teilnahmekarten. Platzieren Sie Banner in den wichtigsten Portalen. Vergeben Sie nach Registrierung ein Passwort, mit dem Ihre Zielpersonen am Gewinnspiel teilnehmen und online die Preisvergabe verfolgen können.

Ihrer Fantasie sind keine Grenzen gesetzt. Sie legen Budgets verschiedener Bereiche zusammen und erreichen mehr. Sie vergleichen die Ergebnisse der einzelnen Medien, brechen Sie auf Zielgruppensegmente herunter und erkennen, wo Ihre größten Potenziale liegen.

6 Nachwort

Sie haben eine ganze Menge Hinweise, Regeln und Tipps zum Texten fürs Web durchgearbeitet. Danke für Ihr Engagement! Fühlen Sie sich fit, das Gelernte gleich umzusetzen?

Stimmen Sie vielleicht im einen oder anderen Punkt nicht mit den Thesen dieses Buchs überein? Gut so. Wenn Sie anderer Meinung sind, setzen Sie sich mit dem Thema auseinander. Das ist das Ziel dieses Buchs. Ihre kritische Haltung wird Sie zu herausragenden Ergebnissen führen. Das Internet lebt. Seine Regeln werden sich ändern. Bleiben Sie dran. Bewahren Sie sich ein offenes Ohr und ein waches Auge.

Keine Regel ist in Marmor graviert. Entwickeln Sie Ihr eigenes Gefühl für das Machbare. Setzen Sie sich ein für das, was aus Ihrer Sicht Erfolg verspricht. Schreiben Sie mir über Ihre Erfahrungen mit dem Internet. Ich freue mich auf den Dialog mit Ihnen. Meine E-Mail-Adresse lautet: ekkehard.schmider@sensit.de

Ihr Ekkehard Schmider

7 Glossar

Aktualisierungsperioden
Das Web lebt von Aktualität. Je öfter ein Webauftritt aktualisiert wird, desto interessanter wird er für seine User. Die Aktualisierungsperioden sollten schon bei der Planung eines Webauftritts eine feste Größe darstellen.

Alleinstellungsmerkmal
Ein Alleinstellungsmerkmal ist eine unverwechselbare Eigenschaft eines Produktes oder einer Dienstleistung. Der Begriff ist die deutsche Übersetzung des amerikanischen Fachbegriffs *Unique Selling Proposition,* unter Marketingfachleuten kurz *USP* genannt.

B2B
B2B ist die US-Abkürzung für Business-to-Business, auf deutsch: *Geschäft zu Geschäft.* Das Kürzel steht für Kommunikation und Geschäftsvorgänge zwischen Unternehmen. Zu B2B-Funktionen im Internet gehören zum Beispiel Internet-Autorisierung, Kataloge mit Kundeninformationen auf der Basis von Zugangskontrolle und Funktionen zur Auftragseingabe.

B2C
B2C heißt ausgesprochen Business-to-Consumer, auf deutsch: *Geschäft zu Verbraucher.* B2C bezeichnet Kommunikation und Geschäftsvorgänge zwischen Unternehmen und Endkunden. Im Internet können zum Beispiel elektronische Bankgeschäfte B2C ablaufen.

Bandbreite
Als Bandbreite bezeichnet man die Übertragungskapazitäten einer Internetverbindung. Je mehr Daten pro Sekunde transportiert werden, desto höher die Bandbreite.

Banner

Die Werbung auf Webseiten wird üblicherweise als Banner bezeichnet. Ein Banner ist ein Bild oder eine Schaltfläche, das über einen Link mit der Website des Werbung treibenden Unternehmens verbunden ist. Oft ist es im oberen Teil einer Website platziert. Oft sind Banner animierte GIFs. Ob man von Button oder Banner spricht, hängt von Größe und Form der Werbefläche ab. Banner sind längliche, schmale Werbeflächen. Buttons sind eher quadratisch und haben eine kleinere Fläche. Standardformate von Bannern sind 468 mal 60 Pixel, 234 mal 30 Pixel und 156 mal 60 Pixel.

Baustellen-Site

Mit *Baustellen-Site* bezeichnet man eine Domain, die bereits vergeben ist und bei Aufruf statt eines umfassenden Webauftritts eine HTML-Seite mit einem Baustellenschild zeigt.

Bildschirmauflösung

Die Bildschirmauflösung ist die Anzahl darstellbarer Bildpunkte auf einem Monitor. Die Bildpunkte heißen Pixel. Je nach Grafikkarte des Computers und Monitor sind unterschiedliche Auflösungen mit diversen Farbtiefen darstellbar. 800 mal 600 Pixel ist die Standardauflösung eines 15-Zoll-Monitors, 1024 mal 768 Pixel entspricht einem 17-Zoll-Monitor und 1280 mal 1024 Pixel zeigt ein 21-Zöller an.

Blickführung, Blicksteuerung

Die Blickführung oder Blicksteuerung beschreibt die Summe der grafischen Mittel, mit denen die Pupillenbewegung des Betrachters einer gestalteten Seite zu einem bestimmten Verlauf motiviert wird. Zu diesen Mitteln zählen zum Beispiel, Farb-, Form und Größenkontraste, animierte Elemente und gefühlsbetonte Bilder.

Bookmark, bookmarken

Bookmarks sind Lesezeichen für Webseiten. Die Funktion wird von allen gängigen Browsern angeboten. Beim Bookmarken speichern Sie die Adresse der gebookmarkten Site.

Break-even-Point

Der Break-even-Point bezeichnet die Rentabilitätsschwelle. Ab diesem Zeitpunkt übersteigen die Einnahmen eines kommerziellen Projektes oder Unternehmens die Ausgaben.

Browser, Browser-Fenster

Browser sind Programme, mit denen User Websites anwählen und betrachten können. Die wichtigsten Browser-Typen sind der Microsoft Internet Explorer und der Browser von Netscape. Ein Browser kann mehrere Browser-Fenster gleichzeitig öffnen.

Cache

Ein Cache ist ein Zwischenspeicher. Daten, die im Cache abgelegt sind, stehen bei Bedarf schneller zur Verfügung als langfristig auf der Festplatte des Rechners abgelegte Daten.

Call Center

Ein Call Center ist eine Organisationseinheit, die intern oder von externen Dienstleistern betrieben wird. Ziel ist es, mit Hilfe moderner Informations- und Telekommunikationstechnik einen serviceorientierten Dialog mit Kunden, Interessenten und Lieferanten zu gewährleisten. Call Center entwickeln sich zunehmend zur zentralen Kundenschnittstelle des Unternehmens. Sie werden heute auch als *Customer Interaction Center* oder *Customer Care Center* bezeichnet.

CGI-Script

CGI-Scripts sind die Voraussetzung für interaktive Webseiten. CGI ist die Abkürzung für *Common Gateway Interface*, zu deutsch etwa *gemeinsame Ein- und Ausfahrtsschnittstelle*. Der CGI-Standard ermöglicht das Starten von externen Programmen auf dem Webserver. Diese externen Programme heißen Gateways. Sie stellen die Verbindung zwischen externen Informationsquellen und dem Webserver her.

Chat-Room

Mit *chatten* wird das sich miteinander Unterhalten im Internet bezeichnet. Die Beiträge werden mit der Tastatur eingegeben. Chatter, also Menschen, die miteinander chatten, treffen sich in einem Chat-Room oder einem Chat-Channel, um sich über ein Thema auszutauschen. Dabei sitzt jeder zu Hause an seinem Computer und sieht in einem Fenster auf seinem Monitor, was er und die anderen schreiben. Viele Chats laufen rund um die Uhr, so dass man dort praktisch immer jemanden antrifft.

Content, Web Content

Der Begriff *Content* ist englisch und heißt auf deutsch *Inhalt*. Mit Web Content Bezeichnet man den Inhalt einer Website. Das schließt alles ein, was über das Web abgerufen werden kann.

Cookie

Cookies sind kleine Programme, die sich bei Aufruf einer Website auf der Festplatte des Nutzers installieren und Informationen über dessen Nutzungsverhalten an den Betreiber der Seite zurücksenden. Das Teledienstedatenschutzgesetz lässt das zu, wenn sich darunter keine personenbezogenen Daten wie Adresse, Telefonnummer oder Geburtsdatum befinden.

Corporate Identity

Die Corporate Identity ist der Ausdruck eines klar strukturierten, einheitlichen Selbstverständnisses eines Unternehmens nach innen und außen. Zur Corporate Identity, kurz CI genannt, gehören die Philosophie der internen und externen Kommunikation, Umgang mit Kunden, Partnern, Mitarbeitern und Wettbewerbern, das Qualitätsmanagement, Kernkompetenzen, Produktlinien, Leistungen und das Corporate Design, auch CD genannt.

Dedizierter Webserver

Web-Server nennt man Rechner, die Web-Seiten bereitstellen. Der Webserver reagiert auf die Anfragen eines Client – zum Beispiel eines Web-Browsers – indem er die angeforderten HTML-Seiten sendet. Er führt auch Skripte aus. Zum Beispiel leitet er Webformulare weiter und übermittelt die Ergebnisse von Datenbankabfragen. Dediziert ist ein Webserver dann, wenn er ausschließlich diesem Zweck dient.

Domain

Domain heißt auf deutsch *Domäne*. Als Domain bezeichnet man einen Bereich zusammengehöriger Computer in einem Computernetz, der über eine spezielle Adresse zu erreichen ist. Im Internet hat diese Gruppe zusammengehöriger Computer einen gemeinsamen Namen. So gehören alle Internet-Rechner zur Top Level Domain Deutschland, die das Länderkürzel *.de* in ihrem Hostnamen führen. Der Domain-Name ist Bestandteil der URL.

Download

Mit *downloaden* bezeichnet man das *Herunterladen* von Daten aus dem Internet auf den eigenen Rechner.

Dpi

Dpi heißt ausgeschrieben *Dots per Inch*, zu deutsch: *Bildpunkte je Zoll*. Dpi ist die Maßeinheit für die Auflösung von Bildern bei Druckern, Monitoren und Scannern. Ein Zoll entspricht 2,54 Zentimetern.

Ergonomie

Der Begriff *Ergonomie* stammt aus dem Griechischen. Wörtlich übersetzt bedeutet er *Arbeitsgesetz*. Bezeichnet wird damit die Wissenschaft, die sich mit der menschengerechten Gestaltung von Arbeitsplätzen, -mitteln und -bedingungen befasst.

Extranet

Ein Extranet ist ein geschlossenes Computernetz auf der Basis der Internet-Technologie. Extranets sind im Gegensatz zu Intranets auch von außerhalb eines Unternehmens erreichbar. Sie erlauben nur registrierten Benutzern den Zugang. Eine häufig genutzte Form der Extranets sind geschlossene Informationsangebote auf einem öffentlichen Webserver.

Feedbackformular

Feedback ist das englische Wort für *Rückmeldung*. Im Web kann Feedback zum Beispiel eine Nachricht an die Redaktion einer Webseite sein. Auch jede statistische Auswertung der Zugriffe liefert Feedback. Ein Feedbackformular erleichtert die Rückmeldung durch den User: In fest vorgegebenen Feldern kann er seine Ansichten und Wünsche formulieren. Das Formular ist automatisch richtig adressiert. Eine Bestätigungsseite informiert den User, dass seine Mitteilung angekommen ist. Feedbackformulare sollen User zu Rückmeldung motivieren.

Flash-Intro

Flash ist eine Sammlung vektororientierter Werkzeuge der Firma Macromedia. Mit Flash lassen sich multimediale Webanwendungen entwickeln. Ein Flash-Plug-in erlaubt es dem Browser, diese Programme anzuzeigen. Flash-Intros sind oft aufwändige Vorspänne vor Webseiten, die mit der Nutzenbotschaft oder mit der Funktionalität der Site wenig oder nichts zu tun haben.

Frames

Frame heißt auf deutsch *Rahmen*. Frames sind Browser-Fenster im Browser-Fenster. Eine Webseite kann in mehrere Frames aufgeteilt werden. So bleibt zum Beispiel der Frame mit der Navigationsleiste auch dann sichtbar, wenn in einen anderen Frame andere Seiten aufgerufen werden.

Gifs, animierte Gifs

Gif ist die Abkürzung für *Graphics Interchange Format*, zu deutsch: *Grafikaustauschformat*. Dieses Bilddatenformat ist das wichtigste Standardformat im Internet. Animierte Gifs sind mit speziellen

Bildbearbeitungsprogrammen aus mehreren Einzelgifs zusammengesetzt worden. Im Internet laufen die Einzelbilder der Reihe nach ab. Der Effekt entspricht dem eines kleinen Films.

Hexadezimalwert
Hexadezimalwerte sind Ketten von alphanumerischen Zeichen auf der Basis 16 (0, 1, 2, 3, 4, 5, 6, 7, 8, 9, A, B, C, D, E, F), während im Dezimalsystem die Zahl 10 die Basis ist.

Hierarchische Vernetzung
Bei der hierarchischen Vernetzung werden die Webseiten einer Homepage nach strukturellen Gesichtspunkten verbunden.

HKS-Farben
Das HKS-Farbmodell besteht aus 86 Farbtönen. Ziel ist eine Vereinheitlichung der Farbtöne. HKS-Farben gibt es für Lacke, Textilien, Kunststoffe und für den Druck. Die Abkürzung *HKS* geht auf die Hersteller Hostmann-Steinberg GmbH, K+E Druckfarben und H. Schmincke & Co. zurück.

Hotline
Hotline heißt auf deutsch *heiße Leitung*. Gemeint ist eine Telefonnummer für einen speziellen Zweck, zum Beispiel für Kundenservice oder Support. Der amerikanische Begriff hat die deutsche Werbesprache weitgehend erobert.

Hyperlink
Hyperlinks sind markierte Bereiche, die beim Anklicken mit der Maus andere Dokumente oder andere Stellen im selben Dokument aufrufen.

Internet Service Provider
Ein *Internet Service Provider*, auch *ISP* oder *Provider* genannt, ist ein Unternehmen, das Verbrauchern den Zugang zum Internet anbietet.

Intranet
Ein Intranet ist ein Firmennetzwerk auf der Basis der Internet-Technologie, das ausschließlich auf hausinternen Servern angesiedelt ist. Zugriff haben nur Firmenangehörige. Häufig werden Firmenzeitschriften, Jobbörsen und E-Mail-Möglichkeiten für Mitarbeiter eingerichtet. Die Schnittstelle zum Internet ist meistens über eine *Firewall* geschützt. Diese elektronische Schutzwand sichert das Intranet vor Schäden und unberechtigten Zugriffen aus dem Web.

Intuitiv

Intuitiv heißt *gefühlsmäßig erfassend*. Intuitive Benutzerführung ist ein wesentliches Kriterium für Webseiten. Intuitive Navigation und Hilfe machen nach einer Studie von Modalis Research Technologies rund 70 Prozent der Attraktivität einer Site aus.[15]

Jpeg

Jpeg ist die Abkürzung für *Joint Photographic Experts Group*. Diese Expertengruppe hat den JPEG-Standard zur Bildkomprimierung eingeführt. JPEG-Dateien findet man wegen ihrer hohen Kompressionsrate bei guter Bildqualität sehr häufig im Internet. Sie haben in der Regel die Endung *.jpeg* oder *.jpg*.

Ladezeiten

Die Ladezeit einer Website ist der Zeitraum zwischen dem Aufruf der Webadresse und der vollständigen Anzeige im Browser-Fenster. Sie hängt im Wesentlichen ab von der Datenmenge der aufzurufenden HTML-Seite und der Bandbreite der Leitung zum Internet. Einmal aufgerufene Seiten werden je nach Einstellung des Browsers im Cache zwischengelagert. Dadurch verkürzt sich die Zeit bis zum Anzeigen beim wiederholten Aufruf der Site zum Teil erheblich.

Laptop

Ein Laptop ist ein tragbarer Computer. Der Begriff *Laptop* kommt aus dem Amerikanischen. Er bedeutet wörtlich *auf dem Schoß* – analog zu *Desktop, auf dem Tisch*. Heute ist der Begriff weitgehend durch *Notebook* ersetzt. Notebook, *Notizbuch*, bezeichnete ursprünglich einen kleineren Rechner als einen Laptop. Da die rasante Entwicklung der Hardware immer kleinere und leichtere Geräte erzeugt und gleichzeitig die Größe des Bildschirms zum Nutzwert des Rechners beiträgt, ist diese Unterscheidung hinfällig geworden. Laptops oder Notebooks werden nicht mehr kleiner, sondern flacher, leichter und leistungsfähiger. So bleibt eine möglichst große Bildschirmdiagonale bei guter Transportfähigkeit gewährleistet. Die kleinste Größe bei den tragbaren Computern ist nach wie vor der *Handheld, in der Hand gehalten*, auch *Palmtop* genannt, *auf der Handfläche*.

Layout

Vor gut eineinhalb Jahrzehnten wurde mit *Layout* noch der gestalterische und kreative Entwurfsablauf beschrieben. Heute bezeichnet

---

[15] Modalis Research Technologies, Inc. *Web Usability* Studie, Dezember 2000. Zu finden unter <www.modalis.com>

Layout die komplette Erstellung einer Seite auf einem Rechner mit
einem Desktop Publishing- oder Webdesign-Programm. Der Begriff kommt vom englischen *to lay out*, wörtlich: *auslegen*. Er um-
fasst Entwurf, Planung und Anordnung aller Elemente einer Seite.
Gegenstand des Layouts sind der Satzspiegel und die Positionierung von Texten, Bildern, Fotos, Illustrationen, Logos und Symbo-
len auf der Seite.

Link

Link ist die Kurzform von *Hyperlink*. Durch Links werden HTML-
Dokumente miteinander verknüpft. Links sind Verweise auf Informationen wie Texte, Grafiken und Animationen.

Metatags

In Metatags werden Angaben über eine Webseite notiert, die für
das Verhalten des Webservers und des Browsers wichtig sind. Die
Angaben werden nicht im Browser-Fenster angezeigt. Metatags
sind wichtig für eine gute Positionierung in den Trefferlisten der
Suchmaschinen. Die beiden wichtigsten Metatags sind *Keywords*
und *Description*. Unter *Keywords* werden Schlüsselbegriffe angeben, unter denen eine Webseite gefunden werden soll. *Description*
ist eine kurze Beschreibung des Seiteninhalts. Sie wird von einigen
Suchmaschinen bei den Ergebnissen angezeigt. Weitere Metatags
sind *Title, Author, Publisher, Copyright, Language* und *Robots*.

Modem, Telefonmodem, analoges Modem

Modem ist ein Kunstwort aus *Modulator* und *Demodulator*. Das
Modem setzt digitale Signale aus dem Computer in analoge Tonsignale für die Telefonleitung um. Nach der Übertragung verwandelt das Modem beim entfernten Computer die Tonsignale wieder
in digitale Daten zurück. Diese Technologie ist im Aussterben begriffen, da digitale Telefonleitungen in Zukunft zum weltweiten
Standard werden.

Navigation, Navigationsleiste

In einer Website navigieren heißt, die Inhalte einer Site aufrufen.
Der User klickt auf Buttons oder Links. Eine Navigationsleiste ist
ein Bereich innerhalb einer HTML-Seite, in dem die Bereiche der
ganzen Site aufgeführt sind. Durch Anklicken einzelner Buttons
dieser Leiste navigiert der User von Seite zu Seite.

Old Economy, New Economy

Der Begriff der *Old Economy* kam während der Internet-Euphorie
am Ende des vorigen Jahrhunderts auf. Er grenzt die bis dahin be-

kannten Wirtschafts- und Industriegrößen von der damals neuen Informationstechnologie ab, der so genannten *New Economy*. Unternehmen der *Old Economy* galten als behäbig und wenig flexibel. Mit der Wirtschaftskrise zu Beginn dieses Jahrtausends änderte sich die Konnotation des Begriffes. *Old Economy* steht heute für solide Unternehmen, während sich viele Hoffnungsträger der *New Economie* als Eintagsfliegen entpuppt haben.

Organische Vernetzung
Die Webseiten einer Homepage werden bei einer organischen Vernetzung nach thematischen Gesichtspunkten verbunden.

Pantonefarben
Ähnlich wie die HKS-Farben sind Pantonefarben standardisierte Farbwerte. Ziel genormter Farbpaletten ist die verbindliche Farbwiedergabe bei Druckerzeugnissen.

PDF
PDF ist die Abkürzung für *Portable Document Format*, zu deutsch: *Übertragbares Dokumentenformat*. Mit diesem plattformübergreifenden Dateiformat der Firma Adobe Systems lassen sich aus Texten, Bildern und Grafiken platzsparende Dokumente erzeugen und auf allen Rechnersystemen darstellen. Die Anzeigesoftware Adobe Acrobat Reader kann kostenlos im Internet unter <www.adobe.com> heruntergeladen werden. Das Programm zur Erstellung dieses Formats ist kostenpflichtig.

Plug-in
Ein *Plug-in*, zu deutsch etwa: *Füge ein*, ist ein Zusatzprogramm für einen Browser. Mit ihm kann der Benutzer Sonderfunktionen ausführen oder bestimmte Dateiformate darstellen lassen, die nicht im HTML-Format vorliegen. Das können zum Beispiel Tonelemente, Video-Clips oder 3D-Bilder sein.

Point of Sales
Point of Sales, kurz *PoS* genannt, heißt wörtlich: *Ort des Verkaufs*. Gemeint ist der Einzel- und Fachhandel, also zum Beispiel ein Ladengeschäft für Elektrogeräte.

Pop-up
Ein *Pop-up* ist ein zusätzliches Browser-Fenster, das sich auf dem Bildschirm automatisch öffnet und eine Werbebotschaft vermittelt.

Portal

Ein Portal ist eine Startseite mit gezielter thematischer Ausrichtung. Portale entwickelten sich aus Suchmaschinen. Sie decken das Angebotsspektrum im Internet ab, indem sie durch Suchfunktionalitäten, thematische Gliederung, redaktionelle Aufbereitung und Nutzerprofile den Content erschließen.

Positionierung

Die Positionierung eines Produktes oder einer Dienstleistung im Markt bezeichnet die Abgrenzung zum Angebot des Wettbewerbs. Unternehmen gestalten ihre Produkte oder Dienstleistungen im Hinblick auf die Positionierung so, dass sie im Bewusstsein der Zielgruppen möglichst einen besonderen Platz einnehmen.

Print-Medium

Das englische *to print* heißt auf deutsch *drucken*. Print-Medien sind Medien auf er Grundlage von Druckerzeugnissen, zum Beispiel Broschüren, Zeitungen oder Magazine.

Proportionalschrift

Proportionalschrift heißt, dass der Abstand zwischen den einzelnen Buchstaben ausgeglichen ist. Bei Nicht-Proportionalschriften nimmt jeder Buchstabe gleich viel Platz in Anspruch, das schmale I ebensoviel wie das breite W. Das macht beispielsweise die Courier schwer zu lesen.

Pull-Technik, Push-Technik

Das englische *to push* heißt auf deutsch *drücken*, *to pull* heißt *ziehen*. Unter Push-Technik versteht man das automatische Zusenden Usergruppen-spezifischer Informationen, ohne dass der Zuschauer selbst aktiv eingreift. Die Push-Technik ist inzwischen fester Bestandteil der Internet-Browser. Sie steht im Gegensatz zur Pull-Technik, bei denen sich der Nutzer durch Eingeben der Internet-Adressen die gewünschten Inhalte selbst einholt.

Scannen

Der Begriff *scannen* kommt vom englischen *to scan*, *abtasten*. In der Informationstechnologie bedeutet Scannen das Digitalisieren von Papierunterlagen. Auf die Blickführung bezogen meint scannen das Abtasten von Sätzen und Textblöcken. Der Betrachter liest den Text nicht systematisch durch, sondern sucht nach hervorgehobenen Schlüsselbegriffen.

Screenshot

Screenshot heißt auf deutsch: *Bildschirmschuss*. Ein Screenshot ist eine Momentaufnahme der sichtbaren Bildschirmoberfläche oder eines Teilbereichs daraus. Das Aufnahme wird als Bilddatei abgelegt. Screenshots spielen zum Beispiel bei Handbüchern eine Rolle, wo Menüanweisungen oder Beispiele illustriert werden. Auch bei Geschäftsprozessen per Internet können Screenshots wichtig werden. Mit Screenshots kann man beispielsweise ein ausgefülltes Webformular vor der Aussendung oder einen Angebotstext auf einer Website archivieren.

Scrollen, Scrollbars, Scrollbalken

Das englische *to scroll* bedeutet soviel wie *am Bildschirm rollen*. Gemeint ist das kontinuierliche Bewegen eines Bildschirminhaltes in vertikaler oder horizontaler Richtung mit Hilfe der *Scrollbars* oder *Scrollbalken*.

Serifenschrift, Groteskschrift

Serifen sind die kleinen Füßchen an den Enden der Buchstaben. Die meisten tagesaktuellen Print-Produkte verwenden Serifenschriften. Die Füßchen helfen uns, Buchstaben schneller zu erkennen. Außerdem haben wir uns längst daran gewöhnt, lange Fließtexte in Serifenschrift zu lesen. Serifenschriften sind deshalb leichter zu erfassen als die so genannten Groteskschriften, die auf die Füßchen verzichten. Das gilt allerdings nur für Druckerzeugnisse. Bei der wesentlich geringeren Bildschirmauflösung zerfallen die Füßchen von Serifenschriften in einzelne Pixel. Dadurch kehrt sich der Vorteil in einen Nachteil um. Arial, Helvetica und Verdana sind Groteskschriften. Sie eignen sich besser für die Bildschirmdarstellung.

Seite

Im Gegensatz zur *Site* wird im Zusammenhang mit dem Internet unter *Seite* ein einzelnes HTML-Dokument verstanden.

Signalwörter

Signalwörter sollen möglichst schnell die Aufmerksamkeit des Lesers zu einem Text ziehen. Signalwörter sind zum Beispiel: *jetzt, heute, hier, neu, gratis, Angebot, Preisvorteil.*

Site, Website

Das englische *Site* heißt auf deutsch *Standort, Schauplatz*. Im Gegensatz zur *Seite* wird unter *Site* oder *Website* ein zusammenhängendes Gefüge von mehreren HTML-Dokumenten verstanden. Zur Website gehören alle Bildschirmseiten, Webseiten, Dokumente und

Download-Bereiche einer Webpräsenz. Die erste Bildschirmseite, auf die man beim Anklicken der Adresse gelangt, ist die *Homepage* oder *Startseite*.

Site-Struktur

Die Struktur einer Website kann hierarchisch, organisch, linear oder gitterförmig aufgebaut sein. Die hierarchische Site-Struktur ordnet die Inhalte nach deren Bedeutung. Die organische Site verbindet Unterseiten nach thematischen Zusammenhängen. Linear strukturierte Seiten folgen in einer Ebene nacheinander. Eine Gitterförmige Site-Struktur erlaubt von jeder Seite aus den Zugriff auf jede andere Seite der Webpräsenz. Die häufigste Form der Site-Struktur ist eine Mischung aus hierarchischer und organischer Vernetzung.

Spam, Spam-Listen

Spam ist das elektronische Äquivalent unerwünschter Wurfsendungen. Spam-Listen im Internet verzeichnen Absender, die Spam verschicken. Wer von genervten Adressaten auf eine solche Liste gesetzt wird, kann mit den Kunden vieler Internet Service Provider nicht mehr per E-Mail kommunizieren: Mails mit verdächtigen Absendern werden nicht an die Adressaten weitergeleitet. Hartnäckige Spammer legen sich für jede Aussendung einen neuen Absender an. Spamming ist in vielen Ländern gesetzlich verboten.

Streuverlust

Mit *Streuverlust* bezeichnen Mediaplaner die Personen außerhalb der Zielgruppe, die von einer Werbemaßnahme erreicht werden. Ein Medium ist für Werbetreibende um so wertvoller, je geringer der Streuverlust ist. Geringe Streuverluste hat beispielsweise ein Direct Mailing an alle Kunden eines Friseurs mit dem Hinweis auf eine Jubiläumswoche mit Sonderpreisen: Grundsätzlich haben sämtliche Adressaten Interesse an dieser Information. Dasselbe Angebot in einer bundesweiten Tageszeitung wäre hinausgeworfenes Geld: Von den potenziellen Lesern der Anzeige kommt nur ein verschwindend geringer Teil als Kunde in Frage.

Style-Sheet

Der Begriff *Style-Sheet* stammt aus der Drucktechnik. Wörtlich übersetzt heißt er *Stilvorlage*. Das Style-Sheet definiert die Darstellung eines Dokuments. Ein Stylesheet wird in der Regel am Beginn eines elektronischen Dokuments durch direkte Aufnahme in das Dokument oder durch einen Verweis angegeben und ist für das gesamte Dokument gültig. Bestimmte Elemente des Style-

sheets können durch Angaben überschrieben werden, die dann
für einen Abschnitt des Dokuments gültig sind.

Suchmaschine

Suchmaschinen sind Suchdienste im Internet. Erst mit ihrer Hilfe
können User das unüberschaubare Angebot des World Wide Web
sinnvoll nutzen. Auf der Basis von Suchbegriffen listen Suchmaschinen Trefferlisten aus. Ein Mausklick auf eines der Suchergeb-
nisse führt direkt zur betreffenden Website. Website-Betreiber versuchen, möglichst weit vorne auf die Trefferlisten zu gelangen und
damit den Traffic auf ihrer Site zu erhöhen.

Support

Support heißt auf deutsch *Hilfeleistung*. Durch immer komplexere
Produkte und Dienstleistungen erhalten die Support-Abteilungen
der Unternehmen besonderes Gewicht. Das Internet ist neben der
telefonischen Hotline ein wichtiges Medium für Support-Leistun-
gen geworden.

Surfen

Als *Surfer* werden Internet-User bezeichnet, die sich von Angebot
zu Angebot durchklicken. Wer im Internet surft, geht meistens ohne eine bestimmte Zieladresse ins Web und lässt sich von Links und
Bannern leiten.

Thumbnail

Der Begriff *Thumbnail* stammt aus dem Englischen. Wörtlich ins
Deutsche übersetzt bedeutet er *Daumennagel*. Thumbnails sind
auf Daumennagelgröße verkleinerte Bilder im Web.

Titel der Site

Der Titel der Site erscheint im Browser-Rahmen oberhalb des Brow-
ser-Fensters. Die Angabe des Seitentitels ist sehr wichtig: Erstens erscheint der Titel während die Seite noch lädt. Der User kann sich
beim Warten entscheiden, ob sich das Laden für ihn lohnt. Zweitens
entscheidet bei vielen Suchmaschinen der Titel einer Seite über das
Ranking. Je treffender der Titel, desto besser die Position in der Tref-
ferliste.

Tote Links

Als *tote Links* bezeichnet man Hyperlinks, die zu keiner Adresse
führen. Der User erhält statt der erwünschten Seite eine Fehlermel-
dung. Tote Links entstehen dann, wenn ein Betreiber seine Site mo-
difiziert und nicht alle Verweise an die neue Struktur anpasst. Da

die Frustrationsschwelle bei Internet-Usern sehr niedrig ist, sollten tote Links unbedingt vermieden werden. Professionelle Webdesign-Software untersucht automatisch alle Verknüpfungen auf tote Links.

Trackpad

Das *Trackpad* ist ein Zeigegerät auf der Computer-Tastatur: Der Anwender fährt mit dem Finger auf einer berührungssensiblen Fläche in die gewünschte Richtung und der Cursor vollzieht diese Bewegung auf dem Bildschirm nach. Auf tragbaren Rechnern ersetzt das Trackpad die Computer-Maus.

Traffic

Traffic heißt auf deutsch *Verkehr*. Ein Website-Betreiber versucht den Traffic auf seiner Site, also die Besuche von Usern, in der Regel möglichst hoch zu halten.

Trouble-Shooting

Trouble-Shooting ist der Überbegriff für Lösungsstrategien beim Support. Wörtlich übersetzt heißt der amerikanische Begriff ungefähr: *Probleme erschießen*.

Ubiquitäre Navigation

Wenn sich die Navigationsleiste auf der Haupt- und jeder Unterseite an der gleichen Stelle befindet, spricht man von einer ubiquitären Navigation.

Ungestützte Bekanntheit, gestützte Bekanntheit

Wird ein repräsentativer Kreis von Testpersonen nach Jogurt-Marken gefragt, zählt ein bestimmter Anteil unter anderem die Marke *Danone* auf. Dieser Anteil entspricht der ungestützten Bekanntheit der Marke. Von denjenigen, die nicht von sich aus auf diesen Markennamen gekommen sind, erinnern sich einige nach der Erwähnung des Namens. Die prozentuale Größe dieser Gruppe entspricht der gestützten Markenbekanntheit.

Unternehmensfarben

Im Rahmen des einheitlichen Erscheinungsbildes eines Unternehmens werden im Corporate Design neben Unternehmensschriften auch Unternehmensfarben festgelegt.

URL

URL ist die Abkürzung von *Uniform Resource Locator*, zu deutsch etwa: *einheitliche Quellenangabe*. Ein URL ist die Adresse eines In-

ternet-Rechners. Sie beginnt immer mit dem Übertragungsprotokoll, zum Beispiel „http://" für eine Seite im World Wide Web,
„ftp:// " für eine FTP-Site und „news:" für eine Newsgroup. Danach
kommen Second und Top Level Domain, getrennt durch einen
Punkt. Ruft der User eine Unterseite der Webpräsenz auf, folgt außerdem der Verzeichnispfad und der Dateiname mit der Dateina-
menserweiterung „htm" oder „html".

User

Als *User* bezeichnet man *Anwender*. Der Amerikanismus hat sich
in der Informationstechnologie durchgesetzt.

Verweildauer

Die Verweildauer ist die Zeit, während der ein User sich eine Site
oder einzelne Unterseiten betrachtet.

Visual, Key Visual

Als *Visual* bezeichnet man ein Bild, das eine Werbebotschaft vermittelt. Das *Key Visual,* zu deutsch: *Schlüsselbild,* prägt die werbliche
Kommunikation eines Unternehmens. Im Gegensatz zum Unter-
nehmens-Logo ist das Key Visual nicht stilisiert. Es wird nur für einen bestimmten Zeitraum eingesetzt. Das Key Visual der Suchmaschine Lycos beispielsweise ist ein suchender Hund. Die Botschaft
lautet *gute Spürnase.* Der Hund erschien in Print- und Fernsehwer-
bung.

Webseiten-Template

Ein Webseiten-Template ist eine Mustervorlage. Mit ihr werden
statische und dynamische Internetseiten nach einem festen Muster
generiert. Templates erleichtern die Arbeit des Programmierers
und vereinheitlichen das Erscheinungsbild einer Webseite.

Wortfeld

Wortfelder sind Sammlungen von Begriffen, die eine ähnliche Bedeutung haben. Zum Wortfeld reden beispielsweise gehören die
Begriffe mitteilen, bekannt geben, rufen, schreien, flüstern, brum-
meln, stammeln, lispeln, stottern, feststellen, behaupten, erklären,
erläutern, versichern, schwören, widersprechen, lügen, übertrei-
ben, prahlen, bekennen, erzählen, berichten, erklären, erläutern,
begründen, schwatzen, schwätzen, daherreden, sülzen, erwähnen,
fragen, sich erkundigen, erfragen, nachfragen, auffordern, bitten,
anflehen, befehlen, vorschlagen, raten, empfehlen, antworten, er-
widern, ausweichen, wiederholen.

World Wide Web, WWW, Web

World Wide Web, kurz *WWW* oder *Web* genannt, heißt *weltweites Netz*. Das World Wide Web ist ein Informationssystem, das Informationen von Computern in der ganzen Welt verfügbar macht. Der Zugriff erfolgt über das Internet mit dem Übertragungsprotokoll HTTP. Texte, Bilder, Töne und Animationen werden im Web durch das HTML-Format zugänglich. Das World Wide Web entstand im europäischen Kernforschungszentrum CERN in Genf und wird vom W3-Consortium weiter entwickelt. Das Web ist mit Abstand der beliebteste Service im Internet geworden. Erst durch das World Wide Web wurde das Internet populär, daher wird es häufig mit dem Internet gleichgesetzt.